LES HORS-JEU
DU FOOTBALL FRANÇAIS

Le coup de gueule d'un éducateur

TALENT SPORT
115 rue de l'Abbé Groult, 75015 Paris

Photo de couverture :
© Ya rien NADIR !!! photographe - graphiste

ISBN : 978-2-37815-209-3

LES HORS-JEU DU FOOTBALL FRANÇAIS

Le coup de gueule d'un éducateur

YACINE HAMENED

Talent Sport

DANS LA MÊME COLLECTION

2021

Niki Lauda – La biographie
Guy Roux – Confidences
Andrew Henderson – Comment devenir un meilleur footballeur
Djibril Cissé – Agenda Foot 2021/2022

2020

Jenson Button – Comment devenir pilote de F1
Jürgen Klopp – De Mayence à Liverpool, les secrets d'un succès
Luka Modric – Mon jeu
Wayne Gretzky – 99 histoires du Hockey
Derrick Rose – I will show you

2019

Wendie Renard – Mon étoile
John McGuinness – Built for Speed
Shaquille O'Neal – Shaq sans filtre
Peter Sagan – Mon monde
George Eddy – Mon histoire avec la NBA

2018

Guy Martin – Mon autobiographie
Stephen Curry – Golden
Adrian Newey – Autobiographie
Kelly Slater – Pipe Dreams
Jenson Button – Une vie à la limite
Maria Sharapova – Unstoppable
Kobe Bryant – Showboat
Loïc Korval – Apprendre à se relever
Nadia Comaneci – Lettres à une jeune gymnaste

2017

Michael Dunlop – Road Racer
Neymar – Conversation avec mon père
Eddy Merckx – Le cannibale
Larry Bird – Magic Johnson – Quand le jeu était à nous
Arsène Wenger – 20 ans dans les coulisses d'Arsenal
Diego Simeone – Mes secrets de coach

2016

Steve Williams – Ma vie avec Tiger Woods
Allen Iverson – Not a game
Jonah Lomu – L'autobiographie
Jack McCallum – Dream Team
Jorge Mendes – Mes clés pour réussir dans le football
Suzy Favor Hamilton – Fast girl

2015

Djibril Cissé – Un lion ne meurt jamais
Kodjovi Obilalé – Un destin foudroyé
Michael Jordan – The Life
Guga – Un Brésilien, une passion française

2014

Alex Ferguson – Mon autobiographie
Phil Jackson – Un coach, onze titres NBA – Les secrets du succès
Michael Schumacher – Sa vie - Ses victoires - Ses rêves
Franck Ribéry – L'incompris

Collection disponible en version numérique
Retrouvez-nous sur www.talenteditions.fr, Facebook, Twitter et Instagram

Sommaire

Introduction

Mai 2019, Rédouane Abbaoui, 36 ans, meurt assassiné de plusieurs coups de couteau. Le meurtrier présumé de l'entraîneur de Vauvert (Gard) est un de ses joueurs de 21 ans qu'il avait exclu du club pour manque de respect. Un peu avant, ailleurs, c'était un parent qui agressait à coup de batte de base-ball l'éducateur de son fils parce qu'il l'avait remplacé en cours de match. Quand l'inimaginable devient réalité.

À l'école, l'autorité n'existe plus ou presque. Auparavant, un professeur vous mettait un avertissement, vos parents ne vous demandaient pas d'explication, vous aviez tort, vous n'aviez qu'à la fermer et surtout, à ne pas prendre un avertissement de plus. Aujourd'hui, un père ou une mère viendrait asséner une gifle au professeur. Pourquoi en serait-il autrement dans le foot ?

À force de vouloir devenir pro, riche et célèbre (ou pousser sa progéniture dans ce sens), tout le monde est en train de disjoncter. Tout ce qui se passe est tellement prévisible, et ce n'est que le début.

Au bord des terrains, c'est souvent un bien triste spectacle de parents hystériques qui perdent toute mesure. Une faute non sifflée sur leur enfant, et ce sont toutes les insultes du monde (quand ce ne sont pas les coups) qui s'abattent sur un arbitre, même pas encore majeur parfois. Un entraîneur qui remplace un enfant et là, ce sont les parents qui voient rouge parce qu'il paraît qu'il y avait (peut-être) un recruteur au bord du terrain et que le train de la richesse est en train de filer à cause de l'éducateur.

Les éducateurs eux-mêmes n'ont rien fait pour calmer les choses. Le meilleur joueur de l'effectif se comporte mal ? Pas grave, il fait gagner l'équipe, donc on ferme les yeux. Pourquoi alors serait-on plus dur avec un joueur moins doué ? L'éducateur connaît un recruteur ? C'est bon, il va pouvoir placer son « petit », s'improviser agent et espérer toucher sa com' dans un futur deal.

Tout ça dans des ambiances de matchs de plus en plus insupportables. Des arbitres assistants qui sont en fait des dirigeants et qui n'hésitent pas à tricher pour que leur équipe gagne. Signaler un hors-jeu inexistant pour permettre à son équipe de remporter la rencontre ? Pas de problème, on le fait sans scrupule et on sera même félicité par l'éducateur en plus. Des éducateurs qui, d'ailleurs, n'hésitent pas à mettre la pression sur un jeune arbitre parce qu'il a sifflé (ou oublié) un penalty. Et après, on s'étonne qu'autour des terrains, ça dégénère. Pourquoi les gens autour se comporteraient normalement puisque l'éducateur lui-même se comporte comme un moins que rien pour prendre les trois points de la victoire, tellement importants pour sa petite carrière.

Et à la fin du parcours, on s'étonne d'avoir des joueurs au comportement détestable qui n'ont jamais su ce qu'était le *fairplay*, le respect du jeu et de l'adversaire. Pendant toute sa formation, le joueur prend comme modèle son éducateur. Si celui-ci est insultant, violent, tricheur, simulateur, pourquoi le joueur serait-il différent ?

Sans compter ces éducateurs qui se prennent pour des entraîneurs de haut niveau alors que leur seul travail est d'aller piller les clubs alentours pour se construire une équipe compétitive. Eh oui, incapables de faire progresser leurs joueurs, ils vont les chercher ailleurs, par wagon, et après ils iront dire : « Vous avez vu, je suis troisième en nationaux derrière Lyon, le PSG ou Nantes… » Pathétique.

Évidemment, quand dans les ligues, on minimise tout cela, ça n'aide pas à trouver des remèdes. Quand vous demandez aux ligues si les problèmes de violence existent, on vous répond « pas plus qu'avant ». On arguera que c'est la société qui est comme ça, que c'est la fatalité. Mais il n'y a aucune fatalité…

Parce que les ligues sont complices... Un enfant ne joue pas en équipe A alors que son père pense que c'est un surdoué ? Pas grave, il change de club dès le mois d'octobre. Il ne joue pas (non plus) dans son nouveau club ? Pas grave, il changera encore en janvier.

Heureusement qu'il existe encore des parents qui savent se tenir, des éducateurs capables de relativiser et de prendre du recul face au seul résultat. Parce que gagner un match de foot, ça ne fera pas de vous un meilleur homme, si tant est que le but d'une vie soit de devenir un homme.

Il fut un temps, les enfants venaient au foot pour jouer avec leurs copains, passer un bon moment. Ils prenaient une licence dans un club, on ne s'engageait pas pour suivre un coach. Désormais, on prend une licence pour jouer dans une équipe A, peu importe où. Si un entraîneur s'en va, il emmène avec lui la moitié (voire plus) de son équipe.

Il fut un temps, les enfants venaient au foot ensemble, dans le club de leur ville, prenaient leur douche ensemble, discutaient, rigolaient, puis repartaient ensemble. Aujourd'hui, ils viennent au foot en tenue, s'entraînent et repartent aussitôt. La communication réduite à sa plus simple expression.

Il fut un temps, les éducateurs venaient parce qu'ils étaient passionnés. Aujourd'hui, ils viennent chercher de la reconnaissance et se positionner comme agent quand ils ont cru déceler la future « pépite ».

Il fut un temps, les jeunes savouraient l'ambiance des clubs. On connaissait des joueurs des catégories au-dessus, ceux des catégories au-dessus connaissaient ceux du dessous. Allez demander aujourd'hui à un U15 de citer trois U13 du club, vous serez surpris (ou pas).

Même en vétéran, là où on pourrait se dire qu'à un certain âge, le dimanche matin, on vient juste prendre du plaisir, les mecs se comportent comme des animaux. On a même l'impression que certains rêvent encore d'être recrutés !

Le football amateur est en train de mourir. Mais on s'en fout, on nous racontera toujours l'histoire de ce petit de Bondy, de Air Bel ou de Villeurbanne qui a commencé à jouer dans son club de quartier et qui est aujourd'hui international. On en oubliera tous les autres, tous ceux qu'on a perdu en route, qu'on a dégouté du football. Ceux-là, on s'en fout, ils n'ont pas rapporté d'argent à la famille, à un entraîneur ou au club !

Et la France est régulièrement désignée comme le pays qui forme le plus de footballeurs. Ils s'exportent tellement qu'avec le Brésil, suivant les années, les deux pays se disputent le titre de meilleur pays formateur au monde. D'ailleurs, en plus de la sélection française, les joueurs formés dans l'hexagone représentaient le plus gros contingent durant la coupe du monde 2018.

De nombreux éléments expliquent ce phénomène autrement que par la simple qualité de la formation. La population et l'immigration, notamment africaine, offrent une diversité de profils que très peu de pays possèdent. La relative faiblesse de la Ligue 1 est un autre élément expliquant l'exportation en quantité des joueurs français. On peut y ajouter que les clubs établissent leurs budgets grâce à la vente de ces derniers, ce qui explique pourquoi ils sont vendus régulièrement et quittent le championnat national très tôt.

Évidemment, les centres de formation des clubs professionnels sont au centre des discussions. Comment travaillent-ils ? Quels sont les réels objectifs de ces centres ? Comment sont-ils organisés et avec qui ? Mais pour élargir le débat, il faudrait se pencher sur le travail des clubs amateurs. 98 % des joueurs qui évoluent dans les centres de formation ont commencé le football dans de plus petits clubs.

La région parisienne est un des deux plus grands pourvoyeurs de footballeurs au monde, à la lutte avec Sao Paulo au Brésil. Il faut alors comprendre comment fonctionnent ces clubs amateurs, quels sont leurs objectifs, et comment sont-ils gérés ?

Et bien entendu, quid de l'entourage des joueurs, de tous ces intermédiaires plus ou moins déclarés, de ce long chemin qui mène au plus haut niveau, aux clubs phares de la région, au PSG, sans oublier les instances (FFF, ligues, districts…) où tout ne tourne pas bien rond.

Pour tenter d'expliquer les dysfonctionnements qui gangrènent le football français, je vais me servir de mon parcours de joueur mais surtout d'éducateur. Passé par des clubs amateurs tels que Choisy-Le-Roi, Lusitanos Saint-Maur, C' Chartres Foot mais aussi professionnel comme Evian Thonon Gaillard

FC, j'ai eu la chance de côtoyer le milieu amateur et professionnel. J'évoquerai également les formations d'entraîneur que j'ai passées au sein de la FFF, de la problématique des diplômes en France, et je m'appuierai aussi sur de nombreux entretiens réalisés avec des scouts français et étrangers, des joueurs professionnels et des éducateurs/entraîneurs.

Ce livre ne sera pas qu'un réquisitoire contre les erreurs ou les mauvaises attitudes de notre football. Je tenterai de donner des solutions, que ce soit pour les formations de joueurs et d'entraîneurs, mais aussi sur l'organisation de championnats qui favorisent l'épanouissement des enfants et pas la compétition à tout prix.

Cet ouvrage ne se veut aucunement celui d'un donneur de leçons ou de grandes vérités. En football, personne ne détient la vérité, ni sur le jeu ni sur les méthodes de travail. Je souhaite juste ouvrir le débat et expliquer pourquoi, avec les moyens structurels et humains que possède le football français, nous devrions faire encore mieux et que la remise en question n'est pas une tare mais bien une force qui doit permettre de faire avancer notre football.

Joueurs, parents, agents : quand l'entourage est un problème

La région parisienne regorge de talents. Logique, avec un bassin de population de 12 millions d'habitants, mais les chiffres n'expliquent pas tout. L'Île-de-France possède un atout que d'autres grandes villes européennes n'ont pas : sa diversité ethnique.

La France a toujours été une terre d'immigration, européenne et africaine. Polonais, Italiens, Espagnols, Portugais mais aussi Algériens, Marocains, Tunisiens, Maliens, Sénégalais pour ne citer que les plus importants, sont arrivés en France à différentes périodes. Il suffit de regarder l'histoire de l'équipe de France pour en mesurer l'impact. Raymond Kopa, polonais, puis Michel Platini, italien, suivi de Zidane, algérien. À ces trois grands illustres, il faut ajouter les Fernandez, Amoros, Pirès, Mandanda, Kimpembe, Pogba, Matuidi, Vieira, Makélélé, et on pourrait en citer une quantité infinie. Cette magnifique diversité offre l'assurance d'une multitude de profils techniques et athlétiques, pour des footballeurs d'une variété presque introuvable ailleurs.

Pablo Longoria, le nouveau président espagnol de l'Olympique de Marseille, met lui volontiers en avant la richesse de notre foot de rue pour expliquer le gisement de joueurs tricolores quasi inépuisable, même si on joue moins dans les rues et les quartiers qu'il y a vingt ou trente ans. La technologie est passée par là, avec les ordinateurs, tablettes et smartphones. Les ados passent plus de temps sur les réseaux sociaux que sur les terrains de foot. En revanche, ils aiment toujours le foot… mais aussi tout ce que peut leur apporter une future carrière professionnelle.

Parce qu'il ne faut pas faire semblant. De nombreux joueurs envisagent une carrière professionnelle par amour et passion pour le football, mais aussi et surtout pour sortir de la galère et, par la même occasion, en sortir tout le cercle familial. Cet objectif n'est pas critiquable mais il engendre une problématique importante : la disparition de la notion de plaisir.

Oui, de nombreux jeunes vont désormais au foot comme on va au travail. Ils s'obligent à ne pas rater un entraînement, non pas pour le plaisir qu'ils y prennent mais plutôt pour que l'entraîneur ne les écarte pas de son équipe A.

La notion de plaisir est pour ma part essentielle. Les enfants doivent en prendre à l'entraînement, à jouer des matchs, à retrouver leurs copains et leurs éducateurs. Le fait d'y aller comme on va au travail, c'est ce qui va entraîner, en fin de parcours, un manque d'envie dans le jeu. Quand on aura signé le contrat, ce sera le soulagement pour tout le monde et il est presque logique qu'on retrouve, ensuite, un certain nombre de joueurs déjà blasés, qui n'ont plus envie de s'éclater, de progresser, mais qui sont juste là pour signer le plus gros contrat possible.

Accuser les joueurs de cette situation serait injuste car ils ne sont pas les seuls coupables. L'entourage joue évidemment un rôle essentiel.

Certains parents voient désormais leur enfant comme le ticket d'EuroMillions de la famille. Il faut qu'il signe professionnel, peu importe s'il est heureux, peu importe où, il doit permettre à toute la famille de monter dans l'ascenseur social.

Allez vous promener au bord des terrains, le week-end, pour comprendre les dérives de ces comportements... Ça crie, ça hurle, ça insulte les adversaires, l'arbitre, et même, parfois, les partenaires. Oui, le gamin qui n'a pas passé le ballon à votre enfant devient le criminel qui l'empêche de briller. Le coach, qui ne fait pas jouer l'enfant, devient coupable de lui mettre des bâtons dans les roues qui l'empêcheront d'être vu et recruté. L'enfant ne joue plus ? C'est évidemment de la faute de l'éducateur qui ne comprend rien au foot et, les parents, plutôt que de recommander à leur enfant de travailler, d'être patient, de continuer à prendre du plaisir, décident alors souvent d'aller signer dans un autre club. Et puis, si ça se passe mal dans le nouveau club, on reproduira le même schéma : l'éducateur est nul, il ne comprend rien, il a ses têtes, on s'en va…

Chaque fois que j'ai été dans un club, j'ai limité la proximité avec les parents. D'une part parce que je suis responsable de ce que je fais et que je le fais en essayant d'être le plus juste possible. Mais j'ai adopté ce comportement pour ne pas être influencé dans mes choix. Nous sommes tous humains et si vous êtres très proches d'un papa ou d'une maman, le jour où il faudra faire un choix entre leur enfant et un autre, il y a de grandes chances que vos affinités influencent votre décision. J'ajouterai qu'il ne faut pas prendre un enfant parce que le parent suit tous les matchs et donc qu'il vous permettra de ne jamais être à court de moyen de transport. Cas de figure terriblement banal.

Très peu de parents possèdent assez de recul pour reconnaître le niveau réel de leur enfant. C'est souvent le meilleur, le plus fort, il doit jouer attaquant (poste où on se fera plus facilement remarquer évidemment) et il est, naturellement, meilleur que celui qui joue à sa place.

Ce comportement est problématique pour l'enfant mais aussi pour l'éducateur. Imaginez que vous entraîniez un enfant dont le père ne cesse de lui répéter que son éducateur n'y connaît rien au foot, qu'il est nul, qu'il choisit untel parce qu'il est bien avec son père... Comment lui expliquer ses défauts, ce qu'il doit changer, corriger dans son jeu ? Il ne vous écoutera plus, vous n'y connaissez rien.

Si cela en restait à des mots ou un mauvais jugement envers l'éducateur, à la limite, ce ne serait pas très grave. Mais aujourd'hui, la tension est telle que, de plus en plus souvent, on en vient aux mains et on voit régulièrement des arbitres, des éducateurs et parfois même des jeunes joueurs qui se font agresser physiquement, et parfois même avec des armes, à la fin des matchs.

Il suffit de voir le nombre grandissant de faits divers autour des terrains. En U8 ou en U11, il est de plus en plus fréquent que des équipes doivent faire appel à la BAC ou à la police pour pouvoir quitter un stade, les parents s'agressant physiquement autour du terrain de matchs sans enjeu. Quelle tristesse ! Quand vous allez voir des matchs de jeunes, il n'est pas rare d'entendre un parent dire à son fils « découpe-le », « rentre-lui dedans », « tire lui le maillot ». Rien d'étonnant à ce que ça dégénère.

Agresser un éducateur parce qu'il ne fait pas jouer votre enfant ou un arbitre parce qu'il n'a pas sifflé un penalty, mais dans quel monde vit-on ?

Là encore, il n'est pas question de détruire les parents mais plutôt de leur ouvrir les yeux sur la vraie personne à qui ils font du mal : leur propre enfant. Ce dernier ressent déjà une pression immense vis-à-vis de ses parents. Non seulement il ne doit pas les décevoir donc il doit jouer, mais il doit aussi atteindre l'objectif de devenir professionnel, l'avenir de la famille en dépend. Invivable...

Les parents sont devenus une vraie plaie pour le football. Quand un enfant qui joue en équipe A est envoyé avec la B, ils viennent vous voir, vous demandent des explications. Très souvent, ils argumentent en expliquant que l'enfant est en A depuis des années, qu'il est bien avec ses copains et son éducateur. Ce qui est drôle, c'est que si vous faites le chemin inverse, des B vers les A, on ne vous tient jamais ce discours des fameux copains.

Autre élément, désormais, les parents suivent un éducateur qui quitte un club pour un autre. C'est étrange, comme s'ils n'avaient pas pris de licence dans un club mais avec un éducateur. En réalité, s'ils le font, c'est pour une raison très simple : en suivant l'éducateur, et grâce à la proximité qu'ils ont déjà avec lui, ils choisissent la solution de facilité en se disant que leur enfant continuera à jouer en A dans le nouveau club. On s'interrogera aussi sur les clubs qui acceptent d'accueillir un éducateur qui vient avec 12 nouveaux joueurs, mais on verra un plus tard pourquoi les clubs laissent faire...

Ce serait presque trop beau que l'entourage s'arrête aux parents. Les éducateurs ont également un rôle important à jouer mais qui dévie doucement.

L'éducateur, c'est un licencié du club à qui on donne en charge une équipe. Il est censé faire respecter les règles de vie en collectivité, inculquer des valeurs aux enfants dont il a la charge, mais aussi les faire progresser au niveau football, tout cela avec un mot qui devrait être la priorité : plaisir.

Pour y arriver, il doit mettre en place des séances d'entraînement variées, ludiques, en donnant la sensation aux enfants qu'ils s'éclatent plus qu'ils ne travaillent. Mais il doit aussi montrer l'exemple. L'exemple dans le respect des horaires et son assiduité. Malheureusement, de plus en plus, les éducateurs arrivent cinq minutes avant les séances, quand ils n'arrivent pas en retard, voire qu'ils ne viennent pas du tout. Certains passent trois quarts de la séance au téléphone. Qu'ils aient des obligations, parce que le football n'est pas leur gagne-pain, on le comprend tout à fait. Mais quand on s'engage, on connaît les contraintes à l'avance et si on ne peut pas les gérer, on ne signe pas. Mais il faut être là, quoi qu'il arrive, on verra pourquoi ensuite.

L'éducateur doit également être un exemple dans son comportement et son langage. À quoi sert d'hurler sur les gamins ? de parler vulgairement ? de s'en prendre à l'arbitre ou à l'éducateur adverse ?

Si ces comportements existent, on peut rendre en partie responsable les présidents et les directeurs techniques des clubs. Eux ne vivent qu'au travers du résultat. Les directeurs techniques ne viennent pas souvent voir les matchs des jeunes. Alors, ils regardent les résultats qui font foi. « Seul le résultat compte », parait-il.

J'ai moi-même été pris parfois dans cet engrenage. À force de me voir reprocher une défaite, alors que mon responsable n'avait pas vu le moindre match ni la moindre minute du match en question, je suis tombé dans le piège. Vous êtes alors pris par le « seul le résultat compte » et vous êtes donc énervés d'une mauvaise décision d'arbitre qui vous coute la victoire, d'un enfant qui fait un mauvais choix et qui vous coûte le match.

L'éducateur doit être détaché de cela. Si vous perdez une rencontre parce qu'un arbitre est malhonnête, ça change quoi ? Rien. Vous êtes assez mature pour comprendre si vous avez perdu à cause de cela alors que vous avez produit une prestation en rapport avec ce que vous avez demandé et préparé.

Dans le football, hurler sur les arbitres fait presque partie du folklore, mais c'est inutile. Au handball et au rugby, les arbitres bénéficient de beaucoup plus de respect, parfois forcé par les règles (comme la règle des 10 m au rugby pour contestation) mais ça a le mérite de calmer tout le monde.

De même, si vous hurlez sur un gamin parce qu'il a fait une mauvaise passe, qu'est-ce que ça va changer ? Rien. Vous pensez vraiment que le joueur a fait exprès de rater ? Votre rôle est de comprendre et d'expliquer pourquoi il a raté cette passe : positon du corps, choix du pied et de la surface, moment du déclenchement de la passe… Un éducateur devrait toujours (ou le plus souvent possible) prendre du recul et se demander s'il a bien expliqué ce qu'il voulait, s'il a utilisé les bons mots, si ses séances ont permis de progresser sur les points qu'il voulait ou s'il ne s'est pas trompé en choisissant tel joueur plutôt qu'un autre. Mais en aucun cas, il ne doit accuser ses joueurs d'être responsables d'une défaite ou d'un mauvais match.

Évidemment, l'éducateur n'est pas seulement énervé d'avoir perdu, il l'est aussi parce qu'il sait qu'on va venir lui faire la remarque, mais également parce que le résultat, c'est sa valorisation et ce qui va servir son « rêve ». En gagnant ses matchs, il pense peut-être que le Real, le PSG ou l'Inter de Milan vont venir le chercher. Avec les réseaux sociaux, tous les week-ends, un paquet d'éducateurs affichent leurs résultats. « Super samedi au plateau U9, on a gagné nos quatre matchs. » Franchement, c'est ça votre passion ?

D'ailleurs, désormais, les éducateurs changent de club aussi pour se montrer. De nombreux clubs amateurs ont signé des partenariats avec des clubs professionnels. En rejoignant ces clubs, ils pensent alors que, à l'instar des joueurs, ils vont aussi se faire remarquer et être recrutés par le club pro partenaire.

Mais on va aller plus loin. Les éducateurs, aujourd'hui, se sont inventé un nouveau rôle : entraîneur, rabatteur, pseudo-agent, tout ça en se servant de leur proximité avec les joueurs et donc les familles.

Auparavant, quand il y avait moins d'argent, moins de notoriété à aller « gratter » avec le foot, on était éducateur par passion, pour transmettre, pour la joie de passer une saison avec ses joueurs, les voir progresser, s'épanouir. À la limite, la seule satisfaction qu'on en tirait, c'était quand le joueur ne nous oubliait pas, qu'il venait nous saluer de temps en temps ou qu'il parlait de nous en expliquant que nous avions été important dans son évolution, peu importe qu'il soit devenu professionnel ou pas.

Heureusement, il reste des éducateurs intègres, avec de vraies valeurs et il ne s'agit pas là de mettre tout le monde dans le même sac. Mais force est de constater qu'il y a une nouvelle génération d'éducateurs (et je ne parle pas d'âge) qui a d'autres objectifs que l'épanouissement de l'enfant.

Ces éducateurs (mais est-ce qu'on peut encore les appeler ainsi ?) viennent au foot pour repérer la future « pépite », le mot à la mode qui fait rêver le monde du football. Grâce à sa proximité avec le joueur, il va se rapprocher de la famille, expliquant qu'il connaît du monde, qu'il connaît un agent sérieux, qui travaille bien et qui a ses entrées dans les clubs. L'important, pour lui, n'est pas son équipe ni le club, c'est que cette fameuse « pépite » lui fasse confiance pour intégrer son cercle, qu'il fasse confiance à l'agent-ami et que lui aussi profite des possibles retombées financières.

C'est amusant de voir qu'aujourd'hui, bon nombre d'éducateurs veulent prendre des U8 ou des U9. Pourquoi ? Tout simplement parce que plus vous les prenez jeunes, plus vous créez des affinités avec le joueur et les parents, plus vous avez de chances de devenir son conseiller. CQFD.

Encore une fois, que chacun veuille gagner sa vie, grimper dans le fameux ascenseur social, aucun problème à cela. Le hic, c'est que l'éducateur est licencié du club et indemnisé par celui-ci. Son rôle est de travailler avec tous les jeunes de sa catégorie ou, au moins, avec tout son groupe de joueurs. En ayant pour seul objectif de repérer et rabattre la « pépite », il ne s'occupe plus des autres joueurs ou, en tout cas, beaucoup moins. Son attention est focalisée sur ce joueur qu'il faut faire voir pour qu'il soit repéré, recruté et qu'il signe son contrat avec l'entourage de l'éducateur.

À la décharge des éducateurs, ce n'est pas avec la pauvre indemnité offerte par les clubs qu'ils vont s'en sortir. Pourtant, les clubs ont quelques moyens, mais ils préfèrent les allouer à des pseudo bons joueurs en Régional 1, 2 ou 3 plutôt qu'à l'encadrement des jeunes.

Pour terminer, que penser de ceux qui recrutent à tour de bras chaque saison pour se constituer un groupe avec les meilleures individualités possibles ? On appellera ça des entraîneurs, des recruteurs, mais sûrement pas des éducateurs. Qu'on recrute un, deux voire trois joueurs pour renforcer son équipe, pas de problème. Mais qu'on en recrute une quinzaine alors qu'on a le droit de n'en faire jouer que six maximum sur une feuille de match de quatorze noms, quel est l'intérêt ? Pense-t-on au gamin qu'on a fait venir et qui ne jouera pas plus de trois matchs dans la saison ? Pourquoi ne pas le laisser dans son club s'épanouir, progresser, ou juste jouer, tout simplement ?

J'ai toujours pensé que le rôle d'un éducateur, encore plus dans un club amateur, était de travailler avec les joueurs à disposition, si possible qui habitent près du club, et de les faire progresser pour les emmener le plus haut possible, en fonction de leur potentiel et non pas de recruter par wagon et dire après : « Regardez les résultats que j'ai ! » Car ces pseudo-éducateurs-recruteurs obtiennent des résultats grâce aux autres entraîneurs qui ont fait progresser ces joueurs. Ils ne font que profiter du système et de l'image d'un club.

Ça va tellement loin que désormais, les clubs font des détections en U8, U9, U10 et ça ne choque plus personne. Donc à huit ou neuf ans, il y a une ou deux personnes qui vont décider que vous ne pouvez pas prendre de licence au club parce que pour eux, vous n'êtes pas assez bons. Non seulement, c'est scandaleux vis-à-vis de l'enfant qui veut juste venir se faire plaisir avec ses copains, mais qui peut savoir comment évoluera un enfant de huit ans s'il bénéficie de bonnes séances, avec un bon éducateur ? On touche au ridicule.

Comme pour tout, il y a aussi une explication à ces comportements. La visibilité, le résultat, on l'a déjà évoqué, mais il y en a une autre et c'est aussi pour cela que les clubs laissent faire et acceptent que des éducateurs recrutent autant : l'indemnité de formation FIFA.

Quand un joueur professionnel est transféré avant sa 23e année d'un club appartenant à une fédération vers un club appartenant à une autre fédération (exemple France vers l'Angleterre), il existe une indemnité appelée « solidarité de formation ». Cette somme est versée aux clubs qui ont eu le joueur licencié à partir de sa 12e année et jusqu'à sa 23e année. Le montant de l'indemnité est de 0,25 % du montant du transfert entre 12 et 15 ans, et de 0,5 % entre 16 et 23 ans.

Pour être concret, quand Ousmane Dembélé a signé à Barcelone pour 105 millions d'euros, Évreux a touché un peu plus de 260 000 €, alors qu'il n'y est resté qu'an, quand il avait 12 ans. Une somme importante pour un club dont le budget tourne entre 500 et 600 000 € par an. De même, Torcy et Roissy ont récupéré environ 300 000 € sur le transfert de paul Pogba de la Juventus à Manchester United.

Pour rappel, le club de Bondy n'a rien touché sur le transfert de Kylian Mbappé car c'était un transfert national (Monaco vers le PSG). Le club aurait perçu des indemnités si le joueur avait signé au Real Madrid, par exemple. Si le champion du monde quittait le PSG à l'intersaison 2021 pour un club étranger comme le Real Madrid, comme il est âgé de 22 ans, Bondy et Monaco bénéficieraient des retombées du transfert.

Toutes ces règles ne sont pas si justes qu'il y paraît. Déjà, elles sont une des raisons qui poussent les clubs amateurs à recruter les meilleurs joueurs des environs à 12 ans puisqu'en cas de carrière professionnelle et de contrat à l'étranger, ils toucheront une partir du transfert. Mais on peut se demander pourquoi tous les clubs, dès la première licence du joueur, ne touchent pas d'argent.

Prenez un enfant qui s'inscrit à six ans dans votre club. Il y joue cinq, soit jusqu'à 11 ans, puis s'en va vers un club plus huppé. Il n'y reste que deux ans avant d'aller ailleurs mais, à la fin de son parcours, Il devient professionnel et est transféré à l'étranger. Le club qui n'a eu le joueur que deux ans touchera alors une partie de la somme du transfert, mais le club qui l'aura formé cinq ans jusqu'à ses 11 ans ne touchera rien. Vous trouvez ça juste ?

Sur les réseaux sociaux, on voit fleurir des captures d'écran de messages d'éducateurs envoyés à des parents pour recruter leurs enfants. Heureusement, certains s'en émeuvent et dénoncent toutes ces dérives. Par exemple, un éducateur explique sérieusement à un parent qu'il serait bien que son fils signe dans son club dont voici le projet : « Jouer en U14 R2 avec un éducateur qui le connaît, le mettra dans les meilleures conditions pour qu'il joue (temps de jeu et à son poste), visibilité grâce au club, équipe compétitive. J'active mes réseaux et celui de mes potes qui sont dans le foot. Je le fais intégrer l'academy d'un pote où à chaque vacance scolaire il fait des matchs avec six recruteurs de clubs pros. » Un autre message qui a tourné massivement était celui d'un éducateur U10 qui expliquait aux parents que son équipe faisait partie des meilleures de la région, qu'il ne fallait pas laisser passer sa chance de l'intégrer parce qu'il rencontrait plusieurs clubs pros tout au long de la saison. Tout cela est devenu normal. Mais c'est une sorte de gigantesque foire aux enfants.

Pour terminer, il faut parler de ces multiples académies privées qui se sont créées en France. Encore une fois, tant mieux pour les gens qui en profitent. Ils utilisent le système et la volonté de parents qui rêvent que leurs enfants deviennent absolument professionnels.

Ces académies représentent tout de même l'antithèse du football. Quels principes de jeu travailler quand vous avez des gamins qui viennent de partout ? Comment faire comprendre à un gamin que le football est un sport collectif quand il vient s'entraîner seul avec un coach personnel ? Enfin, le jeu, ce sont des associations, des automatismes. Dans une académie, c'est tout sauf ça puisque vous n'êtes que sur du travail individuel, ou vous évoluez avec des joueurs de passage.

Le rêve de professionnalisme est tellement devenu une obsession, que les gens sont prêts à payer vingt ou trente euros la séance. Les gamins jouent le samedi matin et s'entraînent l'après-midi et parfois aussi le dimanche. Quand ont-ils une vie d'enfant ?

Il faut savoir qu'à cet âge, le surentraînement est problématique. Les enfants sont en pleine croissance et donc sujets aux pathologies qui vont avec. Il ne faut pas s'étonner que certains finissent par avoir des problèmes tendineux, osseux, ou de croissance, mais aussi un comportement négatif parce qu'ils n'ont plus envie, ils sont en surcharge de travail et mentalement dans une sorte de « craquage », d'explosion mentale. Cela se ressent alors au foot mais aussi à l'école et c'est un vrai fléau.

Aujourd'hui, des parents sont prêts à payer pour que leurs enfants participent à des matchs-tests, en présence de soi-disant recruteurs. D'autres paient des scouts, des agents, pour que leur enfant effectue un essai dans un club professionnel.

Je préférerais que les parents soient prêts à dépenser autant pour du soutien scolaire, des cours de langue, de la culture, des domaines qui ont plus de chances de servir dans leur vie future que le football. Mais je suis sûrement un utopiste.

Dans cet entourage toxique viennent ensuite les fameux agents, toujours de plus en plus nombreux. Aucune raison valable que ces personnes ne profitent pas du système. Cela dérange surtout les agents en place depuis plusieurs années qui voient la part du gâteau se diviser et n'ont plus la mainmise sur toutes les transactions. Mais le véritable problème reste l'agent qui vend du rêve et se moque de l'enfant.

Quand un agent va rencontrer une famille, il ne se rend pas compte du mal qu'il va faire en expliquant que le joueur est une « pépite », qu'il a ses entrées dans les clubs professionnels et qu'il va le placer dans un centre de formation. Neuf fois sur dix, malheureusement, ça n'arrive pas et le gamin est alors broyé dans cette infernale machinerie, pendant que l'agent, déjà passé à autre chose, est allé visiter d'autres familles, leur vendant le même discours, le même rêve.

Il faut dire la vérité, très peu de ces pseudo-agents ont leurs entrées dans les clubs. Ils espèrent juste tomber sur le joueur qui va être demandé par plusieurs clubs, se présenter comme l'intermédiaire, et mettre un pied dans le milieu grâce au joueur.

Agent, c'est un métier. On doit gérer beaucoup d'éléments et pas seulement le contrat. Tous ces nouveaux agents ne sont intéressés que par la vente du joueur et les sommes que ça va leur rapporter. Alors ils brassent, se rapprochent de dizaines de joueurs, le but étant qu'il y en ait un ou deux qui fassent l'affaire, peu importe ce qui arrivera aux autres…

Ce n'est tellement pas leur métier et ils sont souvent en même temps chauffeurs, VTC ou commerciaux.

Le foot est leur deuxième activité pour rêver à prendre beaucoup d'argent plus vite. Ils n'ont ni l'œil de certains scouts, ni les connaissances « football » pour évaluer un joueur, ni les connaissances des clubs, de leurs méthodes ou des éducateurs qui y travaillent pour savoir où leur joueur sera le mieux.

Pour rappel, un mineur n'a pas le droit d'avoir un agent, mais avec l'assentiment des clubs, des responsables techniques des centres de formation, on ferme les yeux et on s'arrange avec les parents.

Encore une fois, ces gens profitent du système. Mais les clubs ne sont pas ne reste. De nombreuses structures professionnelles ont déjà orienté, pour ne pas dire forcé, certains gamins à s'engager avec tel agent pour signer le contrat sous peine de ne pas être engagés. Eh oui, c'est aussi ça le football.

FFF, DTN, Clubs : des hors-jeu permanents

Les comportements problématiques et les débordements autour du football s'inscrivent dans un système mis en place par des instances qui laissent tout faire ou presque. En tête, la Fédération Française de Football.

Depuis quelques mois, Noël Le Graët y a été réélu au poste de président. La FFF, c'est l'instance qui gère tout le football français, des amateurs aux professionnels (avec délégation à la Ligue de Football Professionnel, LFP) en passant par l'équipe de France.

Il faut tout d'abord se demander comment ce monsieur a pu être réélu après un tel bilan. Évidemment, celui de l'équipe de France ne souffrait alors d'aucune discussion puisque les Bleus avaient été finalistes de l'Euro 2016 (défaite face au Portugal 0-1) et vainqueurs de la coupe du monde 2018 (vainqueur de la Croatie 4-2).

Mais derrière les paillettes et la nouvelle étoile sur le maillot tricolore, il y a eu l'arrêt des championnats en mars 2020 à cause de la crise sanitaire quand les autres (italiens, espagnols, anglais et allemands) sont allés au bout. Il y a eu l'arrêt des championnats amateurs lors de la saison 2019-2020 puis 2020-2021. Pourtant, lors de cette dernière saison, alors qu'ils ne s'entraînaient quasi plus, les clubs amateurs encore qualifiés en coupe de France ont été prévenus dix jours avant qu'ils allaient devoir jouer la compétition chère au président. La coupe de France devait aller à son terme, les enjeux économiques étaient trop grands. Et qu'importe les difficultés à mettre en place les protocoles sanitaires. Et qu'importe la prise de risque pour la santé des joueurs.

Des diffuseurs et des sponsors ont payé pour diffuser un certain nombre de rencontres, pour s'afficher sur les maillots ou les panneaux publicitaires. La compétition annulée, il faudrait rembourser une partie des sommes perçues. Hors de question, mieux vaut mettre les joueurs en danger que les finances de notre chère fédération.

On peut ajouter les affaires d'agressions sexuelles, tant sur mineurs que sur les femmes, qui gangrènent l'institution et qu'on arrive à cacher grâce à des médias complaisants. Une employée de la FFF avait porté plainte contre Marc Varin, directeur financier de la fédération. La plainte a été classée sans suite pour faits « insuffisamment caractérisés ». En revanche, l'inspection du travail a conclu à « un comportement dépassant largement les conventions régissant les relations entre responsable et subordonné en usant d'allusions, de propos et de gestes à connotation sexuelle de manière répétée ».

Une enquête du *New York Times* et du journal *L'Équipe*, ont fait éclater une affaire de mœurs concernant des mineurs au centre de formation de Clairefontaine (Yvelines). Selon les deux quotidiens, un responsable pédagogique a été démis de son poste après avoir envoyé des dizaines de SMS affectueux, voire dérangeants, à un garçon de 13 ans. Un comportement inapproprié suivi d'une invitation à déjeuner pour l'anniversaire du mineur, alors que celui-ci était censé se restaurer à la cantine du collège.

L'ensemble des faits est apparu au mois de mai 2012, provoquant la convocation de cet employé en charge du suivi de la vie scolaire des jeunes, sa mise à pied puis son licenciement pour « faute grave ». L'homme en question n'a fait l'objet d'aucune plainte officielle ni de la part des parents ni de la FFF. Et selon le quotidien américain, cette personne conserve ses diplômes et l'accès à différents emplois dans le football.

Aujourd'hui, cet ancien employé de la FFF est au centre d'une procédure diligentée par le parquet de Privas, dans l'Ardèche, un département dans lequel il a exercé comme entraîneur d'une équipe de moins de 15 ans. L'enquête aurait été déclenchée après un signalement auprès du numéro d'appel *119 Allo Enfance en danger*, mis en place pour dénoncer des faits répréhensibles commis à l'encontre d'un mineur.

On pourrait ajouter au palmarès de Noël Le Graët ses déclarations concernant le racisme dans le football. Dans le reportage d'Olivier Dacourt, *Je ne suis pas un singe*, à la question « pourquoi y a-t-il si peu de gens issus de la diversité sur les bancs des clubs professionnels ? », le président de la FFF répondait : « Parce qu'ils ne s'inscrivent pas pour passer les diplômes ». Une mauvaise blague ! La véritable explication est tout autre. Des entraîneurs issus de la diversité sont en nombre dans les championnats de National 2 à la Régionale 3, et catégories inférieures.

S'ils ne passent pas le cap, c'est qu'on considère qu'ils sont bien là où il faut faire du social, au niveau amateur. Par exemple, il y a très peu de gens issus de la diversité chez les cadres de la DTN. On leur réserve le « social », comme s'ils n'étaient pas capables de bien penser le football. Quand a été lancé le foot diversifié et le diplôme animateur de quartier (entre foot et Bafa), qui en était le responsable ? Mohamed Belkacemi.

En décembre 2020, lors d'une question suite aux incidents du match PSG-Basaksehir en Ligue des champions, alors qu'on lui demandait si le racisme existait dans le football, Noël Le Graët déclarait : « Non. Quand un Noir marque un but, tout le stade se lève. » En rire ou en pleurer. La pire explication de toute l'histoire de l'explication, au niveau du « je ne suis pas raciste, j'ai un ami arabe » (ou noir, ou asiatique… faites votre choix).

Lors de la publication de la liste des sélectionnés pour l'Euro 2020 (qui s'est joué en 2021), la FFF a choisi une chanson de Youssoupha comme hymne des bleus. Qu'on aime ou pas le morceau, le Rassemblement national a bondi sur l'occasion en pointant du doigt le chanteur qui, quinze ans auparavant, avait écrit une chanson qu'on peut qualifier d'agressive envers Marine Le Pen et Eric Zemmour. Ce dernier l'avait d'ailleurs attaqué pour injures publiques et le chanteur avait été relaxé en appel. Mais comme il ne se repose jamais, Noël Le Graët, interrogé sur l'hymne des Bleus, a fait comme s'il n'avait rien décidé, chargeant les employés du marketing et de la communication. Soit il ment, car le président de la FFF ne peut pas ne pas être au courant d'un élément de communication aussi important. Soit il n'est au courant de rien, et en tant que président, on se demande ce qu'il fait à la tête de la FFF. Dans les deux cas, c'est une catastrophe.

Malgré un assez lourd passif, Noël Le Graët a donc été réélu avec plus de 70 % des voix. Là aussi, tout est logique. Pour le comprendre, il suffit d'analyser le mode d'élection du président de la fédération.

Tous les licenciés de la FFF ne s'expriment pas. Ce sont des grands électeurs qui votent. Issus à la fois du monde professionnel et amateur, du sportif comme de l'administratif, les électeurs appelés à désigner ou réélire le président sont les membres de l'Assemblée fédérale, à savoir des délégués issus de tous les clubs professionnels, de certains clubs amateurs, ainsi que des ligues régionales et des districts.

Ces délégués sont au nombre de 218. Ce sont 45 responsables des clubs professionnels, des dirigeants des 22 ligues régionales et de ceux des 91 districts, auxquels s'ajoutent d'autres délégués. Au total, 63 % des voix proviennent du monde amateur et les 37% des voix restants du monde professionnel (60 % répartis entre clubs de L1, 40 % entre clubs de L2 et N1).

Les électeurs votent pour une liste de douze personnes qui occuperont les douze sièges du Comité exécutif (comex) de la Fédération. Le futur président est celui qui figure en tête de la liste victorieuse. Le collège électoral, avant d'arrêter définitivement son choix, écoutera chaque liste présenter successivement son projet pendant dix petites minutes, lors d'une assemblée générale élective. Un vote secret est ensuite organisé.

L'élection répond à un scrutin de liste majoritaire à deux tours. Si une liste obtient dès le premier tour la majorité absolue des suffrages exprimés, elle est déclarée victorieuse et obtient tous les sièges au Comité exécutif. Si ce n'est pas le cas, les deux listes arrivées aux deux premières places seront alors départagées lors d'un second tour. Cette fois, c'est à la majorité absolue des suffrages exprimés. Là encore, la liste obtenant plus de 50 % des voix remporte tous les sièges au comex de la FFF.

63 % des voix reviennent donc au football amateur. Mais peut-on imaginer une seconde des gens des districts et des ligues, placés sous la responsabilité de la FFF, voter contre le président en place. Comme toute démarche politique, le clientélisme fonctionne à plein. Une grande partie des délégués a profité de plaisirs en nature offerts par la FFF : voyages avec l'équipe de France, séjours dans des hôtels de luxe et repas dans des restaurants prestigieux. Il suffit de lire le rapport de la cour des comptes qui épingle les dépenses de la Fédération pour avoir la preuve de tout cela. Il est écrit dans ce rapport rendu public que la FFF a un « train de vie dispendieux », des « indemnités généreuses » et une certaine « aisance financière ». Tout cela à travers « une gouvernance interne lourde, coûteuse et peu contrôlée ». À part un ou deux médias, ce rapport n'a pas fait trop de bruit. À croire qu'il ne faut pas toucher à la FFF.

Une des solutions serait, comme au rugby, de faire voter chaque club à travers son président. Il serait normal que chaque club ait le droit de dire s'il est d'accord ou pas, pour quel projet il se sent le plus en adéquation, que d'attribuer des voix à des soi-disant représentants. 135 personnes votent pour 15 000 clubs, mais apparemment, ça ne choque personne. C'est un peu comme si 250 000 personnes élisaient le président de la République française en représentant les 30 millions de la population active.

On ne va pas s'étendre sur le projet du président Le Graët, il n'y en a pas. Pour être franc, il y en a un : l'équipe de France. Le reste, il s'en fout. Le football amateur, il s'en fout. Le football féminin ? Pourquoi s'occuper de personnes qui se tirent les cheveux (dixit ce même président).

D'après une enquête de *Libération*, le budget de la FFF s'établissait à 256 millions d'euros en 2018. Dans ce budget, 6 % était consacrés au football amateur, soit 16,5 millions d'euros pour environ 15 000 clubs. On pourrait se dire que c'est déjà très bien. Sauf que la masse salariale de la seule institution FFF s'élevait à 42 millions d'euros au 30 juin 2018. Trois fois plus pour les salariés que pour aider les clubs amateurs.

De même, sur le mois de compétition de la coupe du monde 2018, la FFF a dépensé près de 20 millions d'euros, soit plus que l'aide annuelle au football amateur. Je veux bien que l'équipe de France soit la vitrine, mais tout de même. D'après l'enquête du quotidien *Libération*, 150 millions d'euros sont issus de la seule taxation du football amateur (licences, amendes...) et viennent alimenter les caisses de la FFF, des ligues et des districts, soit 25 % à 30 % de leur budget total. Surréaliste.

La FFF n'est pas responsable de tout puisqu'elle délègue. Les ligues et districts sont censés gérer le football à l'échelle régionale en ce qui concerne l'organisation des compétitions mais aussi les diplômes fédéraux jusqu'au BEF (Brevet d'éducateur de football), en passant par l'obtention des labels FFF avec leur cahier des charges.

La responsabilité de la FFF est tout de même engagée à force de ne rien faire contre toutes les dérives actuelles, de n'émettre aucunes règles pour limiter le chacun pour soi, l'appât du gain, la foire qui règne dans bien trop de petits prés carrés...

Laisser un gamin de huit ou dix ans changer de clubs plusieurs fois par saison, c'est un problème. Certains répondront que cela relève de la liberté de chacun de faire jouer son enfant où il veut. Pourquoi pas. Mais il y a une limite entre la restriction totale et le laisser-aller total. Imaginer qu'un enfant, jusqu'à douze ans, ne puisse pas changer de clubs tous les ans, ça ne paraît pas être une idée complètement saugrenue. Il resterait près de chez lui, sa scolarité serait moins impactée, et les clubs pourraient aussi travailler plus sereinement sans risquer de se faire piller leurs meilleurs joueurs chaque fin de saison par le grand club voisin. De même, dans les compétitions, les clubs n'ont droit d'aligner que six joueurs mutés (moins d'un an de présence dans le club). Pourquoi ne pas limiter le nombre de nouveaux joueurs par saison ? Certains clubs importants de la région parisienne se sont fait une spécialité de recruter par wagon les joueurs chaque saison. Immanquablement, un certain nombre reste sur le carreau chaque week-end, tout ça pour que l'éducateur (qu'on appellera alors entraîneur tant il est dans la recherche du résultat plus que dans la progression du joueur) puisse se faire briller.

Les ligues et districts devraient envoyer des salariés au bord des terrains pour surveiller le comportement des éducateurs, des joueurs, des clubs. Remettre de l'ordre dans les comportements, les incivilités, plutôt que de brasser du vent.

Ces institutions vivent aussi grâce aux clubs. Comment ? Les licences, les amendes, les sanctions. La grille tarifaire de toutes les amendes est impressionnante : carton jaune ou rouge, tricheries administratives diverses et variées, mauvais comportements, tout cela a un coût, à l'euro près. Ça brasse de l'argent pour un oui ou pour un non. Enfin, pas pour tous les clubs. Si vous êtes bien avec le président du district ou de la ligue, vous pouvez vous en sortir à moindre frais. On s'arrange entre amis. En revanche, si vous êtes un peu rebelle, ça peut faire mal. On peut vous pondre un petit truc pour vous empêcher de monter dans la division supérieure par exemple, une histoire de terrain, une amende impayée, trop de sanctions dans la saison, tout est bon pour vous déclasser et permettre à un club-ami de profiter de la situation.

Au milieu de tout cela, il y a la Direction Technique Nationale et les fameuses formations de cadres. Là, attention, c'est le festival du passe-droit. Si vous avez un peu d'ambition, vous allez vite comprendre qu'elle devra rester à votre échelle. Eh oui, le football professionnel doit appartenir aux anciens joueurs professionnels, hors de question qu'un petit amateur vienne prendre sa part du gâteau.

La DTN gère les formations diplômantes au niveau national, c'est-à-dire le DES (Diplôme d'État Supérieur mention football) et le BEPF (Brevet d'Entraîneur de Football Professionnel).

Pour avoir accès au premier, il faut avoir les diplômes précédents (Brevet de Moniteur de Football, Brevet d'Entraîneur de Football) puis monter son dossier. Si vous êtes recevables suivant les prérequis, vous passez une journée et demie pour différentes évaluations comme de l'analyse vidéo et un entretien oral de motivation.

En 2013, j'ai obtenu mon DEF (Diplôme d'entraîneur de Football). Quand je l'ai obtenu, j'étais en poste à Évian Thonon Gaillard FC. Ce diplôme me permettait alors d'entraîner jusqu'au niveau National (3e division) à l'exception des clubs professionnels descendus de ligue 2.

Puis, il y a eu la réforme des diplômes. Le DEF a disparu définitivement en 2018. Pour avoir le nouveau DES, il me manquait deux unités de formation à valider. Soit je les passais, soit j'essayais d'obtenir l'équivalence. Pour cela, il fallait soit avoir entraîné 2 500 heures an niveau national seniors, soit 1 500 heures à ce niveau plus 1 000 heures au niveau national U17 ou U19. Comme je n'avais jamais entraîné à ce niveau, je ne pouvais prétendre à l'équivalence. Il est bien connu qu'entraîner des U15 en Régional 1 (ex-DH), ça ne compte pas.

Quand je me suis présenté à l'oral pour passer les deux unités manquantes, on m'a recalé avec l'explication suivante : « manque de motivation ». Avec la réforme, on me « retirait » mon DEF, j'étais prêt à me mettre en conformité, payer les 3 000 € de la formation complémentaire et je manquerais de motivation…

Il faut comprendre comment et pourquoi on en est arrivé là. Il y a une dizaine d'années, concernant les diplômes nationaux, on avait le BEES 1er degré (brevet d'état), puis le DEF et enfin le DEPF, avec, entre les deux derniers, le certificat de formateur. Avec le DEF, on pouvait donc entraîner jusqu'au niveau national hors clubs professionnels. La réforme a eu lieu en 2014, mais elle était actée depuis un moment. Ce qui veut dire que la FFF a laissé passer et financer le DEF à des coachs, entre 2012 et 2014, alors qu'elle savait que ce diplôme disparaîtrait.

Une première décision a été prise : on a demandé, désormais, que tous les clubs évoluant en championnat National soient entraînés par des diplômés BEPF, le diplôme professionnel, alors que le championnat n'est pas reconnu comme professionnel, contrairement aux Ligue 1 et 2. Logique, il y avait des entraîneurs au chômage titulaire du BEPF à recaser.

Comme on l'a vu précédemment, il fallait un certain nombre de critères pour obtenir l'équivalent DES, le nouveau diplôme. Ceux qui ne remplissaient pas ces critères, et qui n'ont pas pu passer les deux unités de formation manquantes, y ont été rétrogradés au diplôme inférieur. C'est comme si vous obteniez un master en marketing niveau bac+4, et que cinq ans plus tard, on vous expliquait que votre master vaut désormais un bac+2. Et pour avoir l'équivalence, il faudra retourner en cours sans l'assurance d'être accepté sur les bancs de l'université. En plus d'être injuste, c'est illégal. Mais la FFF se sait inattaquable. Personne n'osera l'affronter pour faire reconnaître ses droits.

J'ai moi-même contacté un certain nombre d'avocats pour intenter une action en justice. Réponse de tous, sans exception : « Tu es dans ton droit. Mais je ne m'attaque pas à la FFF, c'est une machine à broyer. » De nombreux éducateurs m'ont contacté suite à des passages dans les médias ou à des papiers publiés sur le sujet pour me dire qu'ils étaient dans le même cas, que c'était injuste, qu'il fallait bouger. Puis, quand je leur ai proposé d'intenter une action collective, tous ont disparu, m'expliquant qu'ils ne voulaient pas mettre leur nom pour ne pas se griller. On a finalement que ce qu'on mérite…

D'ailleurs, la FFF (par le biais de la DTN) se pense tellement au-dessus de tout, qu'elle n'hésite pas à passer un coup de fil à certains entraîneurs ou responsables de centre de formation quand un papier est écrit ou quand des propos sont tenus et qu'ils ne vont pas dans leur sens. Lyon et Lorient travaillent différemment au niveau de la formation. Ils font la part belle à l'intelligence de jeu, au collectif, plutôt qu'au travail individuel. Un article sur leurs méthodes est paru dans le magazine *So Foot*. Mais il n'a pas plu à tout le monde. Lyonnais et Lorientais ont reçu des appels pour demander des explications et se voir signifier qu'il était intolérable de dénigrer la DTN comme cela. Dénigrer, c'était en l'espèce expliquer qu'ils avaient une vision différente.

Pourquoi la FFF en est arrivée là ? Tout d'abord pour donner du travail aux entraîneurs BEPF au chômage, très souvent d'anciens pros, évidemment. Mais comme on pense aussi que plus il y a de diplômés, moins le diplôme vaut quelque chose, en retirant le DEF à de nombreux entraîneurs, on renouvelait le marché artificiellement avec la protection de l'État.

Pour résumer, j'ai donc été rétrogradé de DEF au niveau BEF et je ne peux désormais entraîner, au maximum, qu'au plus haut niveau régional (R1). En cinq ans, j'ai donc perdu trois niveaux sur simple décision de la FFF et du ministère des sports.

Comparé à d'autres pays, passer ses diplômes en France est une véritable épreuve, parfois inaccessible. Le DES coûte environ 12 000 € quand le BEPF coûte autour de 27 000 €, sans compter l'hébergement, la nourriture, etc. Ces diplômes ont des équivalents UEFA : A pour le premier, Pro pour le second. À titre de comparaison, au Portugal, en Angleterre, le coût de ces diplômes se situe entre 4 000 et 5 000 €. Mais ce n'est pas tout.

Dans tous les pays, vous avez accès à l'UEFA Pro si vous avez l'UEFA A depuis un an minimum, ce sont les règles émises par l'UEFA. En France, c'est cinq ans minimum, ou avoir joué au moins 150 matchs de niveau professionnel (Ligue 1, Ligue 2). C'est une des raisons pour lesquelles on retrouve de nombreux anciens pros dans les formations. Impossible, ou presque, de voir émerger, en France, un Nagelsmann, un Terzic, un Sarri, un Mourinho ou un Villas-Boas, pour ne citer que les plus connus. Edin Terzic a repris Dortmund en cours de saison après le limogeage de

Lucien Favre alors qu'il était auparavant en charge des U17. Mal embarqué en Bundesliga (championnat allemand), il a emmené le club à une place qualificative pour la Ligue des champions. Rien que ça.

En France, il n'existe qu'un seul moyen d'avoir un jour l'UEFA pro si vous ne faites pas partie du fameux cercle : prendre un club au niveau National 2 ou 3, et le faire monter au niveau National. Eh oui, pour entraîner en National, il faut l'UEFA pro alors que le championnat n'est même pas professionnel. Allez comprendre. En tout cas, en accédant au National, ils seront obligés de vous accepter en formation. Pas la première année, évidemment, mais au moins une des suivantes si vous avez la chance de vous maintenir évidemment. Par exemple, Karim Mokeddem a fait monter le club de Lyon-Duchères de National 2 en National. Selon le règlement, seulement titulaire du DES, il a donc reçu une dérogation d'un an pour pouvoir entraîner l'équipe qu'il avait fait monter en National à la force de son savoir et de ses convictions. Il lui aura fallu attendre pas moins de trois ans pour pouvoir passer son BEPF.

En France, chaque saison, il y a seulement 10 candidats pour le BEPF. Pour se justifier, la DTN explique que c'est une demande de l'UEFA et que c'est pour ne pas dévaloriser le diplôme.

Effectivement, c'est une demande de l'UEFA, mais les fédérations peuvent demander à élargir ce nombre, ce qu'ont fait les Portugais par exemple. D'ailleurs, chez eux, le diplôme se passe de deux façons : avec la fédération ou en enseignement universitaire. Dans le second cas, on ne vous demande pas de jouer au foot pour entraîner mais de comprendre et d'analyser le jeu. En France, il y a une note de jeu dans le cursus, comme si celui qui n'est pas un très bon joueur ne pouvait pas faire un bon entraîneur ! Vous êtes donc notés sur un match et vous imaginez bien que c'est d'une subjectivité absolue.

Pour l'anecdote, quand j'ai passé mon DEF, j'avais validé tous les examens sauf le jeu, pour lequel j'avais obtenu la note de 9,5/20. Au-dessous de la moyenne, vu qu'il fallait valider chaque examen, j'ai été obligé de revenir juste pour un match. À trois jours du match, je me suis claqué au mollet. Je suis donc arrivé blessé, sans rien dire. Je me suis placé sur le terrain, je n'ai presque pas couru et j'ai du toucher trois ou quatre ballons. Devinez quoi ? J'ai eu 10,5 et j'ai donc validé mon diplôme. Étrange… On pourrait presque se demander si on n'avait pas fait exprès de mal me noter au jeu pour que je revienne à la cession de rattrapage et, évidemment, que je repaye les frais de dossier, d'hébergement, etc.

Il faut prendre conscience que la formation est un vrai business. Chaque diplôme a un coût, dès le Certificat Fédéral de Football (CFF1), plus petit diplôme fédéral. On a vu les prix exorbitants demandés par la FFF pour passer les diplômes nationaux. Mais il faut savoir que ça ne s'arrête pas là.

Une fois votre diplôme en poche, toutes les trois saisons, que vous ayez entraîné ou pas, vous devez obligatoirement effectuer une cession de deux jours de recyclage sur un thème proposé, par exemple : spécifique attaquant, entraînement technique et tactique des défenseurs, responsable technique d'un club régional… La cession dure deux jours, coûte environ 150 € sans compter l'hébergement et les faux frais. Si vous ne validez pas une cession, on ne vous délivrera pas votre licence d'entraîneur et vous ne pourrez pas exercer.

Quant à la formation proprement dite… On vous explique qu'il y a 1 000 footballs pour 1 000 entraîneurs. En revanche, dans les faits, pas question de débattre, la DTN détient la vérité absolue. Comme tout le monde, le jour de l'examen pédagogique (séance d'entraînement), vous tirez un thème de séance. Comme vous êtes là pour avoir votre diplôme, que faites-vous ? Une séance-type vue pendant la formation, puis vous restez bien dans la norme DTN. Vous aimez le déséquilibre ? Vous aimez que vos deux latéraux montent en même temps ? Oubliez tout cela ! Mettez des sécurités et des couvertures partout, sinon vous pouvez oublier votre diplôme. C'est bête, c'est scolaire, il n'y aucune réflexion, mais c'est comme ça.

Une formation, et encore plus dans le football, ça doit être un partage de vision, de philosophie, de principe. Vous aimez le déséquilibre ? OK, faites-le et on discute ensuite des raisons qui vous poussent à jouer comme ça, des forces et faiblesses de votre tactique. Si tout est argumenté, pourquoi n'auriez-vous pas le droit de le faire ?

La DTN est censée mettre en place la politique du football en France. Quand les Allemands ont fait leur révolution, la DTN allemande a discuté, consulté, puis elle a pris des décisions et les clubs s'y sont pliés. En France, la DTN ne sert à rien, les clubs font ce qu'ils veulent.

Il y a quinze ans, on était formé sur des séances dites « analytiques », composées essentiellement de répétitions de gestes. Si vous aviez proposé une séance sous forme de jeu, on vous aurait massacré. Dix ans plus tard, la grande Espagne brillait, les séances évoluaient et étaient désormais basées sur le jeu. Résultat ? Là où on vous aurait détruit dix ans plus tôt, ça devenait la norme. Mais comme il n'y a pas de débat possible...

Dans sa communication, la DTN parle de jeu. Mais dans les faits, il suffit de regarder les équipes nationales de jeunes pour comprendre qu'il n'y a qu'une vérité pour elle : seul le résultat compte.

Il faut connaître l'histoire de cette structure pour comprendre pourquoi on en est arrivé là. J'avais participé au *Club des 5*, une émission Youtube consacrée à la formation des entraîneurs et des joueurs. Le journaliste et auteur Thibaut Leplat avait parfaitement expliqué ce qu'était la DTN depuis sa création. En voici un résumé.

La DTN se crée avec George Boulogne, au début des années 70, dans la foulée de mai 68 et de cette jeunesse sans repères qu'il faut canaliser. Boulogne décide alors de cloisonner et de sélectionner qui pourra devenir entraîneur. Pour lui, hors de question que ce soit un intellectuel ou un jeune, parce qu'ingérable. Le DTN va aller jusqu'à créer son propre journal, dans lequel il sera seul à écrire. Il s'en servira pour attaquer, entre autres, *Les miroirs du foot*, à l'époque considéré comme le journal des philosophes du football.

Pour devenir entraîneur, Georges Boulogne va limiter la réflexion et décréter que le football doit fonctionner selon ses principes, que tout le monde devra apprendre, digérer et reproduire. Sa phrase fétiche : « Je préfère gagner 1-0 que 5-3. » Tout est dit. D'ailleurs, en France, les penseurs, tel Albert Batteux, seront moqués par les membres de la DTN parce qu'ils pensaient le foot mais surtout, ils le pensaient autrement. Il faut rappeler qu'Albert Batteux avait fait de Reims le meilleur club français de son époque et disputé deux finales de coupe d'Europe des clubs champions. Il avait également emmené la France, en tant que sélectionneur, à la 3e place de la coupe du monde en Suède en 1958, à un moment où les Bleus n'étaient pas grand-chose sur la scène mondiale.

Les grandes bases de la pensée de la DTN des années 70 sont toujours en place aujourd'hui. Déjà dans sa composition actuelle. Le DTN, Hubert Fournier, ancien joueur professionnel, passé par Lyon, un temps au chômage avant d'être recruté. Étrangement, c'est Jean-Michel Aulas, président de l'Olympique lyonnais qui est responsable de la DTN pour la FFF. On notera aussi que plusieurs de ses membres sont presque tous passés par la case professionnelle, et aussi, un peu, par Guingamp, ça aide. Même s'il n'aurait pas forcément accepté, un entraîneur comme Raynald Denoueix aurait fait un parfait DTN grâce à sa façon de voir et de penser le football. Mais certainement trop intellectuel aux yeux de nos responsables.

Pour en revenir aux diplômes, il faut voir que de nombreux coachs n'auront simplement pas accès à la formation, pour des raisons financières, mais aussi parce qu'ils n'ont pas les bonnes relations (le fameux réseau), ou par simple recalage subjectif des fameux jurys. Ces derniers sont composés de membres de la DTN, de conseillers techniques régionaux (CTR). Le copinage tourne alors à plein régime. Je ne citerai pas les noms, mais quand je me suis présenté au DEF puis à l'oral du DES, des gens m'ont dit : « Tu veux que j'appelle X pour être tranquille. » J'ai refusé et… je n'ai pas été pris. Tant pis pour moi.

En pleine écriture de ce livre, deux événements marquants se sont produits : la tentative de création de la Super league et les déclarations de Pablo Longoria, le nouveau président de l'OM. L'Espagnol, répondant à un entretien au journal *El País*, a déclaré que l'entraîneur français ne s'exportait pas car il n'avait pas réellement d'idées de jeu. Comment a-t-il osé ? Tous les entraîneurs français sont alors montés au créneau pour se défendre. Parfois méprisants (« c'est qui Longoria ? »), parfois victimaires. Il paraîtrait, pour eux, que ce ne soit pas une question de jeu, de compétences, mais de réseau, comme l'a dit Bruno Génésio, aujourd'hui entraîneur du stade rennais.

Monaco a choisi un entraîneur croate pour diriger son équipe, le PSG avait un Allemand et il a pris un Argentin, tout comme l'OM qui a remplacé un Portugais par un Argentin, Sampaoli, quand Lyon a choisi Peter Bosz (néerlandais). La saison prochaine, Reims, après le départ de David Guion, a choisi un Espagnol en la personne d'Oscar Garcia pour faire passer un cap à son équipe. Pourquoi le club champenois n'a-t-il pas choisi un entraîneur français puisque ce sont les meilleurs et que plusieurs attendent un poste ?

Ce qui est cocasse, c'est de constater que ça dérange Bruno Génésio de ne pas avoir de réseau à l'échelle européenne, mais que ça ne le dérange pas d'être choyé en France, d'être privilégié pour passer ses diplômes, ou que certains entraîneurs français trouvent club sur club malgré des échecs successifs.

Ce réflexe corporatiste, vous le retrouvez également quand les entraîneurs étrangers officient sur les bancs de Ligue 1. Ancelotti a été massacré lors de ses six premiers mois au PSG, convoqué même par le *Canal Football Club* pour expliquer sa vision du foot. Il faut dire que l'Italien n'avait remporté que deux Ligues des champions avec l'AC Milan (plus que tout le foot français réuni) en plus des titres nationaux avec le club italien et Chelsea. Raymond Domenech s'était attaqué à Claudio Ranieri alors à Nantes alors que l'Italien sortait d'un titre de champion d'Angleterre remporté avec Leicester.

On peut ajouter à cette longue liste le mépris envers Marcelo Bielsa. Qu'on aime ou pas, il faut reconnaître les qualités de l'Argentin, mentor ou source d'inspiration de Pep Guardiola, Diego Simeone, Mauricio Pochettino, Jorge Sampaoli, rien que ça. En France, on s'est moqué de son survêtement hors d'âge et du fait qu'il s'asseyait sur une glacière. Il faut juste savoir que l'entraîneur de Leeds est régulièrement invité à donner des conférences en Argentine, au Brésil, en Italie, des pays avec une autre culture foot que la France.

Mais à la DTN, plutôt que de s'interroger et de se remettre en question, on préfère expliquer que nous sommes les meilleurs parce que Zinédine Zidane et Didier Deschamps ont gagné la Ligue des champions et la coupe du monde et donc qu'on n'a pas à recevoir de leçons d'un étranger qui n'est personne. On retrouve ce même réflexe, quand vous critiquez un entraîneur ou un joueur et qu'on vous répond : « Tu as fait quoi toi pour te permettre de parler ? » La meilleure des réponses vint sans doute d'Arrigo Sacchi, entraîneur de l'AC Milan de 1987 à 1991, qui n'a jamais été joueur professionnel, mais juste vainqueur de deux coupes d'Europe des clubs champions (soit plus que tous les clubs français réunis). Au début de sa carrière, un journaliste lui demanda : « Comment allez-vous pouvoir entraîner des champions alors que vous n'avez jamais été un champion ? » Le technicien italien lança : « Je ne savais pas qu'il fallait être un cheval pour entraîner un cheval ! »

Et la France est un pays de turf qui n'a jamais été tendre avec les entraîneurs étrangers ! Quand Ricardo revient entraîner les Girondins de Bordeaux, il a déjà entrainé le PSG, Monaco, une première fois Bordeaux, Fluminense, Flamengo, Vasco, Botafogo, pour ne pas tous les citer. Lors de son deuxième passage aux Girondins en 2018-2019, il n'aura pas le droit de se lever du banc pendant les rencontres, la FFF refusant de lui octroyer le droit d'entraîner car il n'a pas son gentil DEPF. C'est donc Éric Bedouet, titulaire du diplôme, qui sera officiellement entraîneur.

Comment oublier également l'arrivée de Claudio Ranieri à Nantes. En 2017, l'italien arrive sur le banc de Nantes. Branle-bas de combat à l'UNECATEF (syndicat des entraîneurs), Raymond Domenech, le président, en tête. Âgé de 66, l'italien a dépassé l'âge autorisé pour exercer (65 ans). Il va finalement obtenir une dérogation, mais les déclarations fusent. Quatre ans plus tard, Nantes engage un entraîneur de 69 ans, en toute tranquillité. Pourquoi ? Cet homme n'est autre que Raymond Domenech en personne, l'homme qui se plaignait de l'âge de Claudio Ranieri. Raymond Domenech restera sept petits matchs à la tête des Canaris avant d'être limogé. Plus ridicule, on n'a pas encore trouvé.

Et s'il n'y avait qu'en France que le ballon rond rendait fou. En avril 2021, la planète football a connu quarante-huit heures de folie avec le coup de force de douze grands clubs pour créer une Super league européenne. Cette idée est dans les tuyaux depuis une vingtaine d'années et les gros clubs l'agitent comme un coup de pression à l'UEFA dès qu'il faut renégocier plus d'argent dans les compétitions européennes.

L'idée des instigateurs du projet était de créer une Super league avec une quinzaine de clubs forts et cinq invités, suivant plusieurs critères à définir. Ce projet venait en réponse à une réforme de la Ligue des champions pensées par l'instance européenne avec, pour résumer, trente-six équipes réparties en une seule poule. On créerait quatre chapeaux de neuf équipes et chacun jouerait neuf matchs, sans aller-retour, et on établirait le classement après neuf journées sans que tout le monde ne se soit rencontré.

En quarante-huit heures, les douze clubs frondeurs se sont retrouvés sous le feu nourri des critiques, de la presse comme des supporters. Ce n'était pas tant le format de la nouvelle compétition qui ne plaisait pas, beaucoup plus logique et lisible que celui de l'UEFA. Le problème venait des statuts de chacun, comme s'il devait y avoir des intouchables, toujours qualifiés pour la plus grande compétition, même s'ils rataient leur saison en championnat.

Il ne faut pas oublier que tous les clubs de cette Super league n'auraient sûrement pas fait partie de ce cercle fermé il y a quinze ans, par exemple. Mis à part quelques clubs, les autres n'ont pas toujours tenu le haut de l'affiche. Pour mémoire, le Barça ne faisait pas encore partie des très grands clubs dans les années 80. Devant lui, il y avait l'Inter, l'AC Milan, Liverpool, le Bayern de Munich pour n'en citer que certains.

Autre argument qui ne tenait pas, la justification de Florentino Perez, président du Real Madrid, à l'idée de cette Super league. Pour lui, la crise financière subie par les clubs justifierait de trouver une solution pour gagner encore plus d'argent. On parle là de clubs qui ont des budgets avoisinant les 800 millions d'euros… Est-ce la faute du football si ces clubs ont été mal gérés ? Est-ce que les autres clubs doivent payer le fait que ces grands clubs aient dépensé des sommes colossales sur des transferts de joueurs et qu'ils se sont ratés ? Le football serait-il l'exclusivité des grands clubs ?

Avec ces nouvelles formules de compétition fermée, sans accession ni relégation, on se rend compte que le mérite n'existe plus. Pour notre plaisir personnel et égoïste, on tolère dans le foot ce qu'on ne tolérerait pas dans la vie de tous les jours. C'est comme si un étudiant travaillait dur pour obtenir une note élevée au bac mais qu'au moment d'entrer dans une grande école, on lui disait : « Désolé, mais tes parents ne sont personne alors que l'autre étudiant, qui a eu une moins bonne moyenne, ses parents sont de grands entrepreneurs, donc on va le prendre lui. » Révoltant moralement, mais dans le foot on tolérerait ?

Un club comme l'Atalanta Bergame, qui a bien travaillé, sérieusement, qui a recruté des joueurs à petits prix, en rapport avec son budget, ne pourrait donc plus venir concurrencer les gros, atteindre les quarts de finale de la Ligue des champions, sous prétexte que son passé est vierge de titre. Agnelli, président de la Juventus l'a d'ailleurs déclaré quelques fois en expliquant : « C'est bien de voir l'Atalanta en quart de finale de la Ligue des champions, mais ce n'est pas sa place. »

Florentino Perez, autre principal créateur de la Super league, a été le premier à faire exploser les prix des transferts en achetant Zidane à la Juve pour 75 millions d'euros. Il déclare aujourd'hui qu'il n'est pas normal que des petits clubs gagnent de l'argent sur les transferts et que le Real ou le Barça soient en difficulté financière. Ce qu'il sous-entend, c'est que les grands joueurs doivent jouer dans les grands clubs et que, pour cela, il ne devrait pas y avoir de transfert à payer, donc que les petits clubs doivent juste leur offrir leurs meilleurs joueurs.

Si les clubs agitent l'éventualité de cette Super league, c'est à cause des instances européennes. L'UEFA n'a eu de cesse de céder et de réformer les coupes d'Europe pour aller dans le sens des gros clubs, mais aussi la FIFA, en actant une coupe du monde à 48 pays, par exemple. Il leur faut vendre toujours plus de matchs, pour récupérer toujours plus d'argent. Les joueurs ? On s'en fout, ils sont payés, et très bien, ils jouent, peu importe leur santé, on les renouvellera quand ils seront usés. Une sorte de marchandise périssable mais renouvelable à l'infini.

Comment ne pas comprendre, malgré tout, les jeunes et leur entourage. Ils voient des clubs qui veulent toujours plus, qui dépensent plus qu'ils n'ont pour attirer les meilleurs joueurs. Quand Lionel Messi émarge à 100 millions d'euros, Neymar à 35 ou même Angel Di Maria, Mauro Icardi et autres Edinson Cavani entre 10 et 12 millions d'euros par an, comment expliquer aux enfants et à leurs familles que le football est une passion ? Comment remettre des valeurs de partage, de travail, d'honnêteté au centre du jeu ?...

Il serait aussi facile de taper sur les joueurs, ces grands enfants gâtés. Mais, jusqu'à preuve du contraire, aucun joueur n'a obligé le président du PSG, du Barça, du Real ou de la Juve à lui offrir des salaires hallucinants. Ils ont négocié, les clubs ont accepté. Les vrais coupables, ce sont les instances qui laissent faire, se plient, et les clubs, prêts à tout pour exister. Le travail de fond, la construction, les émotions, on s'en fout. Il faut faire de l'argent.

Les clubs dépensent plus qu'ils n'ont, à tous les niveaux, alors ils cherchent à masquer leurs erreurs en trouvant à gagner plus. Mais la vérité, c'est qu'aujourd'hui, il leur faut plus que 800 millions d'euros de budget. Et dans cinq ans il leur faudra plus que 1 milliard d'euros puis plus que 1,5 milliard d'euros... Si personne ne met de barrières, de règles, de valeurs et d'éthique, c'est un engrenage sans fin.

Il ne faut pas croire que le football populaire a gagné avec l'annulation (actuelle) de la Super league. En revanche, je veux croire que cet épisode soit le moment de réformer le football.

Et nos petits clubs français dans tout ça ? Leur gestion est une des causes de la vente rapide des joueurs français, mais aussi de leur manque de compétitivité en coupe d'Europe.

Les droits télévisuels, les salaires, les organigrammes, les ambitions ? Par où commencer, tellement la gestion est catastrophique ?

Le fiasco le plus récent reste Mediapro. Les clubs français avaient donc réussi à obtenir la promesse de droits aux alentours de 1,3 milliard d'euros par saison à partir de 2020-2021. Première erreur, ils n'ont demandé aucune garantie bancaire solide à Mediapro. Face à un tel montant, c'est la moindre des choses. Mais dans l'euphorie, les responsables de la ligue en charge du dossier se sont laissé balader. Il faut savoir que ce même diffuseur Mediapro avait obtenu les droits de la Série A en Italie, mais qu'il avait été dégagé faute d'avoir pu offrir des garanties bancaires solides. Ça aurait dû alerter, non ?

Deuxième erreur, le football français s'est coupé de son « diffuseur historique », Canal plus. C'est le business, bien sûr, la loi du plus offrant. Mais il faut savoir que le montant proposé au total par Canal plus et Bein sport se situait autour de 1,1 milliard d'euros, soit 200 millions d'euros de différence avec l'offre pharaonique de Mediapro. Le différentiel peut parait énorme, mais à l'échelle du football, ça ne représente qu'entre 3 et 5 millions d'euros par club professionnel. Pour résumer, les clubs français ontpréféré le risque à une certaine sécurité assortie de 5 millions d'euros de recettes en moins. Ils se sont plantés. Mais surtout, comment se dire que la Ligue 1 avait pu devenir comme par enchantement le deuxième pays en termes de droits télévisuels, devant l'Allemagne, l'Italie et l'Espagne. Apparemment, ça n'a choqué personne. L'appât du gain comme anesthésiant de la lucidité.

Canal plus est venu terminer la saison 2021 et l'appel d'offres sur le lot de Mediapro a été remis en jeu. Pour une différence d'environ 50 millions d'euros, c'est Amazon qui a récupéré la diffusion des huit matchs de Ligue 1 pour les trois prochaines saisons.

Là aussi, tout le monde a pensé : « Génial, Amazon c'est accessible pour tous via l'application et ça ne va coûter que 4,99 € par mois pour l'abonnement prime. » Erreur. Le diffuseur a fixé à 12,99 € le prix de l'abonnement mensuel en plus de l'abonnement prime, ce qui fait un total de 17,98 €. Sauf qu'il n'y a que huit matchs de Ligue 1 par journée. Les deux restants, c'est pour l'instant Bein qui en détient les droits et qui les sous-traitaient à Canal. Pour voir la Ligue 1, il faudra donc s'abonner à une de ces deux chaînes qui avaient, pour l'instant, décider de ne pas les diffuser. Il en coutera entre 15 et 30 € suivant que ce soit la chaîne qatarie ou le diffuseur historique. Mais ce n'est pas fini. Pour suivre la Ligue des champions, il faudra s'abonner aux deux chaines, Canal ayant la meilleure affiche du mardi et du mercredi, Bein les autres matchs. Et si vous voulez suivre l'Europa League, ce sera RMC Sport. Pour suivre le foot en France, il vous faudra donc quatre abonnements différents. On souhaiterait donner moins de visibilité qu'on ne s'y prendrait pas autrement.

Les clubs français sont, de toute façon, très mal gérés. C'est un sport national : on dépense plus qu'on a et on mise sur les ventes de joueurs pour combler les trous. Sauf que nous sommes dans le football et que, suivant la saison, la valeur d'un joueur n'est pas fixe ou établie avec certitude. Une vilaine blessure, un coup de mou, des performances en dent de scie, le collectif d'une équipe grippé qui ne met plus en valeur le joueur sur lequel on pensait faire une savoureuse plus-value…

Prenez une société de mécanique, vous embauchez cinq personnes en misant sur l'obtention de futurs marchés. Si vous ne les obtenez pas, vous allez donc payer des ouvriers avec de l'argent que vous n'avez pas. Il est plus concevable d'obtenir des marchés et, ensuite, d'embaucher des salariés pour tenir les délais.

Pour les salaires, c'est la même chose. On octroie des salaires énormes à des joueurs très moyens. Tant mieux pour les joueurs, mais on ne peut pas donner 120 000 € par mois à un joueur qui ne devrait pas toucher plus de 60-70 000 € mensuels, et en plus, sur des contrats longue durée qui vous plombent sur quatre ou cinq ans. Le problème, c'est que les clubs s'alignent sur les propositions des concurrents, dans une inflation mortifère. On nous répète sans cesse que la formation est extraordinaire alors, au lieu de donner de telles sommes à ces joueurs, faisons confiance aux jeunes.

On ajoutera à cette liste le choix des entraîneurs. Toujours les mêmes. En place dans un club, sans résultat, sans contenu, ils sont remerciés et rebondissent dans un autre club en difficulté. Que ça se passe une fois, pourquoi pas, mais quand certains enchaînent trois, quatre ou cinq échecs et qu'ils retrouvent encore un club, on peut se poser des questions.

C'est comme la réflexion pour l'embauche d'un entraîneur. Comment peut-on hésiter entre René Girard et Christian Gourcuff ou Olivier Dall'Oglio et Antoine Kombouaré ? Ils n'ont ni les mêmes profils, ni les mêmes idées de jeu. C'est comme si vous hésitiez, pour une voiture, entre une citadine et un SUV ou, au milieu de terrain, entre James Milner et Xavi, il n'y a aucune logique.

Le FC Séville est l'exemple à suivre. Un directeur sportif qui connaît parfaitement le club et sa mentalité, qui travaille avec une cellule recrutement compétente à qui il fait confiance. Ensuite, on choisit l'entraîneur en fonction des idées de jeu, de son profil. Finalement, Séville fonctionne juste normalement, avec une politique sportive définie et cohérente, avec des résultats extraordinaires à l'ombre des grands d'Espagne. Le club est recordman de victoires en Ligue Europa/ Coupe de l'UEFA avec six trophées.

Il faut rappeler qu'en France, les cellules recrutement, quand elles existent, ne sont pas écoutées. Le président ou le directeur sportif traitent avec des agents directement. Vous connaissez beaucoup d'agents qui vont vous vendre un joueur du catalogue d'un concurrent ? C'est comme si vous entriez dans une boulangerie et que vous demandiez au boulanger où trouver la meilleure tarte aux fraises du quartier. Vous pensez qu'il va vous envoyer chez le pâtissier d'en face ?

Et encore, parfois, on laisse les pleins pouvoirs à l'entraîneur. Il suffit de regarder ce qu'a fait Rudy Garcia à l'OM en arrivant avec certains joueurs qui avaient, comme par hasard, le même agent que lui comme Gregory Sertic, ou que ces mêmes agents aient poussé pour faire signer Nemanja Radonjic. Le Français n'est pas un cas isolé, Thilo Kehrer, au PSG, avait les mêmes agents que Thomas Tuchel. On peut se poser des questions quand on voit le niveau de l'ancien joueur de Schalke. Il n'est en aucun cas question d'accuser les deux entraîneurs de rétro-commissions ou quoi que ce soit, mais juste de s'interroger s'il est normal que dans un club, des joueurs possèdent les mêmes conseillers que leurs entraîneurs.

Pour être concret, quand Thomas Tuchel fait jouer Thilo Kehrer, il y a toujours le doute de se dire : « Il le fait jouer parce qu'il a les mêmes agents », « Il le fait jouer pour qu'il prenne de la valeur et que ses agents en profitent ». C'est une situation très ambigüe. En politique, on parle de conflit d'intérêts.

Chez les jeunes aussi, les organigrammes des clubs sont catastrophiques. Les anciens pros sont légion à la tête des U16 ou U18. Un ancien pro, ça rassure. Il a connu le milieu donc il sait. Le parent qui doit faire signer son fils dans un centre de formation, on lui vend l'ancien pro, souvent passé par le club. Qu'il soit compétent ou incompétent, le nom de l'ancien pro a plus de valeurs aux yeux des gens.

J'ai eu la chance de travailler dans un club professionnel, à Évian Thonon Gaillard FC. Là-bas, on m'a expliqué qu'on savait comment il fallait faire. On savait tellement que le club a disparu aujourd'hui. Une personne m'a même expliqué qu'il avait connu Sylvester Takac. J'ai failli m'étouffer. Que l'ancien entraîneur sochalien fut un très bon technicien, je ne le contredirai pas. Mais le citer en exemple en 2012 (quand j'étais au club) alors que ses méthodes ne seraient plus applicables aujourd'hui, que les jeunes ne sont plus les mêmes, que le football n'est plus le même, on est à la limite du ridicule.

Mais le vrai problème de nos clubs, c'est leur statut vis-à-vis des joueurs. Ces derniers sont plus importants que le club, l'institution. Normal, ils ont une valeur marchande et comme les joueurs ont compris que pour boucler les budgets on avait besoin d'eux, ils peuvent tout se permettre. Pourquoi tout donner, bien se comporter quand on sait que le club ne nous écartera pas pour ne pas perdre d'argent ou, mieux, pour en gagner et ne pas être en déficit.

L'exemple de Bruno Irles avec Kylian Mbappé est significatif. L'entraîneur des jeunes à Monaco trouve que le jeune Français ne fait pas assez d'efforts. Il le lui fait remarquer et ça ne plait pas forcément. L'ancien entraîneur monégasque a déclaré que le futur champion du monde avait des problèmes avec le cadre, l'autorité. Il va l'exclure temporairement du groupe. En fin de saison, l'entraîneur est remercié. Bizarre. Quant au message envoyé, il est clair : on a une pépite donc les entraîneurs passent après et ils ont intérêt à aller dans le sens du joueur, en tout cas de le caresser dans le sens du poil.

Est-il normal que la très grande majorité des joueurs partis à l'étranger vous parlent de différences de travail, d'investissement, de professionnalisme ? Est-il normal qu'un joueur parti à l'étranger vous dise qu'il a découvert la rigueur, les séances intenses, le fait de passer une grande partie de la journée au centre d'entraînement pour la séance, les soins, la musculation, les repas ? On a envie de demander à ces joueurs expatriés : « Mais que faisiez-vous dans vos clubs en France ? »

Quant à l'ambition des clubs, on est dans le néant le plus total. Se maintenir, voilà le seul objectif. Se qualifier pour la coupe d'Europe ? Pourquoi pas :

une partie des droits-télé est redistribuée en fonction du classement. Mais en vérité, on s'en fout, on nous explique à longueur d'années que ça fait trop de matchs, que jouer tous les trois jours c'est impossible. Donc on va faire acte de présence la semaine en coupe d'Europe, on ne sortira pas des poules contre des équipes comme Bruges, le Celtic Glasgow, les Rangers, Braga, mais ce n'est pas grave, ça ne reflète rien, on est champion du monde.

Les clubs se plaignent de ne pas avoir de rentrées d'argent, mais que font-ils pour ? Le *match day*, l'économie autour du jour de match, elle représente quoi ? Rien. En France, on vient au match une trentaine de minutes avant le coup d'envoi et on est déjà reparti dès le coup de sifflet final. Créer des activités, donner envie aux gens d'arriver deux heures avant, de consommer, ça ne sert à rien. Les autres championnats européens le font, mais ils doivent se tromper… On pense souvent que nos clubs manquent de supporters, d'affluence dans les stades parce que nous ne sommes pas un pays de foot. C'est en partie vraie. Mais pour aller plus loin, c'est que nos clubs ne racontent pas d'histoire. Ni sur le jeu, ni sur l'identité des joueurs, ni sur l'ancrage locale, ni sur l'histoire qu'ils racontent à leurs supporters.

Les clubs français travaillent sans continuité, sans une réflexion poussée sur le long terme. Les directeurs sportifs se reposent sur les agents-amis pour faire le recrutement. Pourtant, quand on travaille, on a des résultats. Luis Campos a travaillé à Monaco. Non seulement il a construit une équipe solide, celle qui a ravi le titre au PSG en 2017, et dans la foulée, le club de la principauté a réalisé des plus-values énormes. L'excuse de l'argent ne tient pas. À Lille, Luis Campos avait moins de moyens. Il est allé chercher Celik en deuxième division turque pour 1 million d'euros. Il a déniché Burak Yilmaz libre. Il est allé chercher Sven Botman pour 8 millions d'euros. Il a pris Boubakary Soumaré libre en provenance du PSG. Et il a de nouveau construit l'équipe qui a ravi le titre au PSG en 2021. Oui, il y a eu des problèmes à Lille sur les montants des transferts reversés au club, aux intermédiaires. Mais sans rentrer dans cette cuisine, le fait d'avoir trouvé des joueurs méconnus et avoir obtenu des résultats, c'est bien la preuve que quand on travaille beaucoup et bien, on peut réussir. On n'est pas toujours obligé de recruter des joueurs à plus de 25 millions d'euros pour avoir des résultats.

Et que dire de l'identité des clubs, des projets de jeu ? Trop souvent, les liens sont quasi inexistants entre l'équipe première et la formation. On forme et dès qu'il y a un intérêt, on vend.

Les centres de formation français ont des budgets compris entre 3 et 8 millions d'euros par an. Ce n'est pas rien. L'idée n'est pas de dire que la France ne forme pas mais que la formation n'est pas optimisée. Parce que dans les organigrammes d'éducateurs, il y a trop d'anciens pros qui ne sont là que par copinage ou service rendu et qui font ce métier juste pour gagner leur vie. Parce qu'il faut vendre et pour vendre, il faut fabriquer le modèle de joueurs que les autres pays n'ont pas.

Pour finir et comprendre que notre football a un vrai problème, la constitution de la liste des joueurs pour les Jeux olympiques de Tokyo est tellement significative. Alors que la France attendait ce moment depuis 1996, qu'ils ont enfin réussi à se qualifier pour la compétition, les clubs ont refusé de libérer les joueurs. Ce fut une véritable foire pour composer une équipe faite de bric et de broc. Sylvain Ripoll, le sélectionneur, a concocté une liste avec une majorité de joueurs jamais convoqués. Un petit stage de quinze, un match de préparation et vogue la galère. Le premier match contre le Mexique s'est soldé par une logique fessée 4-1 contre des Mexicains très bien organisés, habitués à jouer ensemble depuis toutes les catégories de jeunes. Ce fut ensuite une victoire miraculeuse contre l'Afrique du sud et une déconfiture contre le Japon (4-0). 11 buts encaissés en trois matchs. Ce bon Noël Le Graët est venu pleurnicher dans les médias après l'élimination piteuse. Il l'a jugée « inévitable ». Qu'en sera-t-il en 2024 pour les JO de Paris ? L'incompétence de Le Graët sera-t-elle évitable ?

Dans d'autres pays, on a obligé les clubs à libérer les joueurs. On représente une nation dans un tournoi international, c'est important. En France, comme les clubs font ce qu'ils veulent, que notre fédération se moque royalement de ce qui ne concerne pas les A, on n'a rien négocié, rien imposé. Alors oui, ce n'est pas une date FIFA, donc sans obligation de libérer les joueurs, mais quand même. Le football français a de nouveau montré son manque de cohérence, de solidarité, d'une instance forte qui dicte les règles. Mais tout va bien, on est champion du monde, le reste…

En France, on ne forme pas, on fabrique des footballeurs

Aujourd'hui, en matière de formation, deux écoles s'affrontent : la française et les autres.

En France, « seul le résultat compte », un dogme impossible à remettre en question. C'est que notre histoire footballistique pèse lourd dans la balance, de la création il y a 50 ans de la DTN de Georges Boulogne aux titres de champion du monde 1998 et 2018 qui, s'ils ont satisfait notre orgueil national, ont eu le tort de limiter réflexion et remise en question.

En France, les clubs veulent gagner, peu importe la manière, le style de jeu, le plaisir procuré aux spectateurs. Prendre le temps, se poser pour une réflexion en profondeur est inconcevable. La victoire n'attend pas. Présidents et responsables de clubs, donc par ricochet les éducateurs, tous ne vivent qu'au travers du résultat. Alors, que font-ils ?

On recrute des joueurs qui font des différences individuelles, on insiste lourdement sur ce point. Une recherche permanente du joueur providentiel qui fera gagner son équipe quasiment à lui tout seul. On met les plus rapides devant, les plus costauds derrière, et on complète autour. On insiste jusqu'au bout sur les qualités des joueurs, sans se soucier vraiment du collectif et du jeu.

On prend des grands Noirs en défense et en attaque, un petit Arabe pour amener un peu de technique au milieu et après on s'arrange… Ces préjugés et stéréotypes ne viennent pas de moi mais bien des recruteurs et membres des clubs français. On pousse même la caricature jusqu'à limiter l'expression de certains joueurs, comme si c'était une fatalité.

Recruter un Xavi ou un Andrés Iniesta demande une expertise et un œil que n'ont pas beaucoup de recruteurs. Analyser comment un joueur se déplace et pourquoi il n'est pas servi par ses partenaires. Voir les passes qui font mal à l'adversaire, même si elles ne sont pas statistiquement réussies et comptabilisées. Observer qu'un joueur perd quelques ballons parce qu'il se fait bouger physiquement aujourd'hui, mais analyser l'orientation de son corps, le choix des surfaces de contact, la qualité de ses contrôles orientés... Mais c'est aussi un type de profil que n'aiment pas les éducateurs de nombreux clubs français. Le petit, il faut prendre le temps, être conscient de ses manques, continuer de le faire travailler et lui faire confiance même s'il est parfois en difficulté, tout en se projetant sur ce qu'il va vous apporter quand il aura développé d'autres qualités et qu'il aura pris de la musculature. Malheureusement, on n'a pas le temps.

Pour le comprendre, il suffit de relire les interviews données par Tiémoué Bakayoko et Alou Diarra dans différents médias. Les deux joueurs expliquent que chez les jeunes, ils jouaient souvent numéro 10 et qu'ils étaient très à l'aise techniquement. Arrivés au centre de formation, on les a repositionnés en numéro 6 et on leur a demandé d'arrêter de dribbler. Et oui, un grand Noir costaud, c'est là pour détruire et donner le ballon mais surtout pas pour jouer et créer.

En France, on va même plus loin dans les stéréotypes. Le joueur est soit technique, soit athlétique, soit créatif soit costaud dans les duels, mais jamais les deux en même temps. Pendant sa formation, un joueur très doué techniquement se verra dispenser des tâches défensives par exemple. S'il ne va pas dans les duels pour récupérer un ballon, ce n'est pas grave, il a le droit. S'il est là, c'est pour faire la différence balle au pied. En France, voir un Luka Modric, technique mais aussi capable d'aller au combat, ce n'est pas possible. L'exemple le plus frappant reste Hatem Ben Arfa. Il suffit de l'écouter parler ou de revoir les reportages réalisés sur lui où on le voit avec son agent. « Toi, tu es un créatif, un génie. Tu ne dois pas défendre, tu es là pour faire la différence. » Faut-il s'étonner qu'il n'ait jamais participé aux tâches défensives de son équipe, qu'aucun grand club n'en ait jamais voulu, mais aussi que, lorsqu'il a le ballon, neuf fois sur dix, ses partenaires peuvent faire tous les appels du monde, ils ne seront jamais servis, ou presque ? Les appels ne servent qu'à lui libérer des espaces pour qu'il se fasse plaisir.

En France, les clubs formateurs sont obsédés par la coupe Gambardella, sorte de coupe de France U19. Il faut la gagner, ça donne de la visibilité aux clubs et ça entretient l'idée qu'on a une grosse génération.

Si on prend Lyon, considéré longtemps comme le meilleur club formateur, qui a sorti un grand nombre de joueurs évoluant dans les plus grands clubs européens, la dernière victoire en coupe Gambardella remonte à... 1994.

Pour vous donner quelques vainqueurs de cette compétition, on peut citer Saint-Étienne en 2019, Troyes en 2018 (face à Tours), Sochaux en 2015 (face à l'OL), Auxerre en 2014, Bordeaux en 2013 (face à Sedan), Nice en 2012. Où sont les joueurs qui devaient donc marquer le football français en ayant obtenu le fameux sésame, « vainqueur de la Gambardella » ? Vous n'en trouverez même pas deux, en moyenne, par équipe vainqueur qui se font ensuite une place dans l'élite du football français.

Claude Puel le répète depuis plusieurs années, « on ne forme pas de bons joueurs de football ». Quand il dit football, l'ancien monégasque parle de collectif, de QI foot. Pour lui, en France, « c'est l'individu qui fait la différence. Les entraîneurs ne travaillent pas assez collectivement. C'est un gros problème. Nos joueurs ont une touche individuelle parce qu'on les laisse s'exprimer mais les paliers, ils les passent à l'étranger. »

À l'opposé, on a ce qui se fait au Barça, à l'Ajax d'Amsterdam, en Angleterre ou en Allemagne. Oui, dans toute l'Europe on joue aussi pour gagner. D'ailleurs, connaissez-vous vraiment des gens qui jouent au foot pour perdre des matchs ? Même dans un five ou un foot au quartier, tout le monde joue pour gagner. Comme quoi, cette histoire de « culture de la gagne » est une supercherie pour masquer son incompétence.

Les grandes équipes jouent aussi pour gagner, mais c'est le résultat du travail, de la pensée et non pas l'objectif, et ça change tout. L'approche, l'analyse, le regard, mais aussi les comportements, le recul et l'empathie envers vos joueurs, autant d'éléments qui sont souvent oubliés en France dans la course effrénée au résultat.

À l'Ajax d'Amsterdam, la gagne n'est tellement pas l'objectif que les éducateurs changent de catégorie (et donc d'équipe) tous les deux mois. D'une part, ça permet aux joueurs d'être confrontés à des discours différents, des sensibilités différentes, comme tout au long de leur carrière, même si les principes de jeu restent les mêmes, alors qu'en France, un éducateur va suivre une génération entière. L'autre effet de ce changement à l'Ajax, c'est que l'éducateur n'est pas focalisé sur son classement final puisque dans deux mois, il sera ailleurs. Il doit donc juste apporter aux enfants des éléments de progression, de compréhension du jeu, le résultat suivra. Enfin, cette rotation permet d'éviter de créer une trop grande affinité avec les joueurs. À partir de là, vous faites des choix plus justes, vous n'êtes pas tentés d'aligner un joueur moins bon mais que vous aimez bien. Ça permet également de faire évoluer les groupes car chaque éducateur ayant une sensibilité différente, un joueur remplaçant ou en équipe B avec un coach deviendra peut-être titulaire avec le suivant.

Dans les clubs français, la grille salariale des éducateurs est établie en fonction de la catégorie. Plus vous entrainez des joueurs âgés, plus votre salaire grimpe. L'objectif est donc d'avoir les U17 plutôt que les U14, ce qui est mieux que les U12 en termes de rémunération. À l'Ajax, les dirigeants ont décidé de donner le même salaire à tous les éducateurs. Aucune compétition malsaine donc pour entraîner des joueurs plus âgés.

Dans le club amstellodamois, on pousse la réflexion encore plus loin. Vous ne pouvez pas interdire à un joueur de se jeter quand un joueur vient vous dribbler. Il faut alors imaginer comment l'en empêcher, en plus des explications ? Les techniciens du club ont donc choisi de faire quelques séances sur des terrains en bitume. Inutile de vous dire que vous avez plutôt intérêt à ne pas vous jeter. Vous forcez donc le joueur à lire le jeu, à anticiper. Un excellent exemple de réflexion que doivent mener les éducateurs.

La formation, finalement, qu'est-ce que c'est ? Ni plus ni moins qu'un chemin, comme à l'école, où l'on va essayer de vous enseigner différents éléments pour que vous deveniez le joueur le plus complet possible, en fonction de votre potentiel. À l'école, on ne vous enseigne pas que le français ou que les maths. En maths, on ne vous enseigne pas que les additions et les soustractions mais on vous apprend la multiplication, la division, les équations à une ou deux inconnus, etc. On vous apprend à résoudre des problèmes. Le football, il faut le voir de la même façon.

Vous êtes bons du pied droit ? Je vais renforcer cette capacité tout en améliorant le pied gauche. Vous êtes bons dans les un-contre-un ? Je vais vous laisser continuer à éliminer, mais je vais essayer de vous faire comprendre qu'on n'élimine pas systématiquement, qu'il faut de la variété. Si vous êtes très bons en défense centrale ? Je vais vous faire jouer au milieu pour vous faire travailler dans la densité, là où vous avez moins de temps pour analyser, mais je vais aussi, peut-être, vous faire jouer devant pour vous confronter à un défenseur central et imaginer ce qui peut le mettre en difficulté. Quand vous redescendrez en défense, vous aurez alors plus d'éléments à votre disposition pour anticiper les déplacements d'un attaquant mais vous serez également plus à l'aise pour relancer parce qu'il y a moins de densité qu'au milieu.

Autre exemple : le joueur est rapide mais sa première touche de balle n'est pas bonne. L'éducateur s'en moque, le joueur fait des différences et rattrape cette lacune grâce à sa vitesse. Alors, pourquoi insister sur cette première touche, essentielle dans le football de haut niveau ? Le problème, c'est quand ce joueur ne va plus pouvoir faire la différence grâce à sa vitesse, ses lacunes seront alors plus criantes et le club s'en séparera, lui reprochant un déficit à cause de sa première touche de balle.

Fut un temps où l'INF Clairefontaine possédait son équipe. Après deux années de formation au centre, pendant laquelle les jeunes retournaient jouer dans leurs clubs respectifs, la troisième année, en U15, ils terminaient leur préformation dans l'équipe de Clairefontaine. Et là, les éducateurs de l'époque n'hésitaient pas à demander à leurs joueurs, pendant les rencontres, certaines choses bien précises. Thierry Henry raconte, par exemple que, comme il allait vite, son coach lui donnait parfois comme consigne d'avant-match : « Aujourd'hui, je t'interdis de passer un joueur grâce à ta vitesse. » Il lui fallait donc penser autrement pour éliminer, par la passe par exemple.

Pour avoir échangé avec les anciens de l'INF Clairefontaine, Jean-Michel Badiane, Nicolas Maurice-Belay et Quentin Westberg, tous sont unanimes. Quand ils avaient entre 12 et 15 ans, à l'époque, avec les Francisco Filho, Claude Dusseau et autres André Merelle, on parlait football, intelligence de jeu. Et tous m'ont expliqué que c'était finalement un problème. Parce qu'arriver ensuite au centre de formation, le discours était diamétralement opposé. On parlait de résultat, de duel et la réflexion sur le jeu devenait très limité. Nicolas Maurice-Belay me disait même qu'il fallait « presque faire un reset de ce que j'avais appris collectivement ».

Aujourd'hui, on a tendance à multiplier les entraînements, il parait qu'il faut en faire encore et encore pour que les jeunes progressent. Évidemment, c'est une ineptie. L'important n'est pas de faire six séances par semaine mais de n'en faire que deux ou trois mais de grande qualité.

Dans la séance, il y a le contenu, qui doit être pensé pour le jeu. Il y a l'animation et c'est pour cela qu'il faut des éducateurs qui comprennent le jeu. Sur Internet, des idées d'exercices, vous en avez à l'infini, mais si vous ne les comprenez pas, et que vos connaissances ne permettent pas de bien les animer et d'y apporter les bonnes corrections, vous pouvez recopier les séances de Pep Guardiola, Marcelo Bielsa ou José Mourinho, ça ne changera rien, personne ne progressera.

Puis, il y a les horribles temps morts. Aujourd'hui, on a des éducateurs qui passent trop de temps à parler, à couper la séance, à expliquer des choses pendant vingt minutes. Rien ne vous empêche de laisser continuer un exercice et de prendre un joueur à part pour lui expliquer quelque chose.

Toutes ces coupures cassent le rythme. Il vaut mieux enchaîner les exercices, garder de l'intensité dans les jeux et revenir, en fin de séance, sur les éléments importants.

Les éducateurs se plaignent qu'ils n'ont pas assez de temps en séance parce qu'avant eux, il y a une autre catégorie qui s'entraîne, et après eux aussi. En réalité, c'est souvent l'organisation et les coupures incessantes qui créent ce manque de temps. Une bonne séance d'une heure et quart est largement suffisante pour bien travailler.

Formation et entraînement sont deux choses bien différentes. Carlo Ancelotti répète souvent qu'il est un entraîneur professionnel. Il est donc là pour mettre en place une stratégie, un système, gérer un groupe et choisir les joueurs pour atteindre les objectifs fixés par le club. Il ajoute qu'il n'est pas là pour apprendre à un joueur à s'orienter, à choisir le bon pied ou la bonne surface de contact, ça c'est le rôle de la formation.

Ce que dit l'entraîneur italien n'est pas péjoratif vis-à-vis des éducateurs. L'Italien explique parfaitement que ce sont deux métiers différents et qu'il n'a pas les mêmes compétences qu'un formateur.

Le but n'est pas de gagner des matchs, des titres, même si personne ne cracherait dessus, mais bien d'amener les joueurs avec le maximum de compétences pour que l'entraîneur de l'équipe professionnel n'ait plus qu'à penser à la performance et pas à refaire la formation. Tout cela n'empêche pas un joueur de progresser à tout âge, même chez les pros, mais il va parfaire son jeu plus que l'apprendre.

Dans la formation, l'éducateur doit prendre le recul nécessaire pour analyser les matchs, les erreurs et les points positifs en se détachant du résultat. Il doit également apprendre à ses joueurs les différents systèmes de jeu. Quand ces derniers deviendront professionnels, suivant les entraîneurs qu'ils croiseront, ils évolueront en 4-4-2 à plat ou en losange, en 4-3-3 avec une pointe basse ou haute, en 3-5-2 ou en 3-4-3. L'entraîneur en place, dans sa recherche de performance ou de résultat, n'aura pas le temps d'expliquer les bases des systèmes, les différences quand on défend à trois ou à quatre, par exemple.

Pourquoi les éducateurs ne prennent-il pas ce temps pour former les jeunes ? Tout simplement parce que, pris dans l'engrenage du résultat, ils ne touchent pas au système qui marche. Pourquoi jouer en 4-4-2 alors que mon 4-3-3 fait de moi le leader du championnat ? D'ailleurs, ils confondent souvent système de jeu et principes. Changer de système ne veut pas dire renier ses principes, vous pouvez continuer de jouer haut, par exemple, dans tous les systèmes de jeu.

Parce qu'il serait trop facile de ne pointer que les autres du doigt, je vais mettre ici en avant mes différentes expériences d'éducateur, plus ou moins heureuses.

Dans tous les clubs où je suis passé, en début de saison en septembre, j'expliquais clairement ma vision des choses : le temps de jeu des joueurs, le fait que je vais changer de système de jeu régulièrement, que les joueurs évolueront à plusieurs postes, mais aussi que, sauf lacunes trop importantes, beaucoup de joueurs auront leur chance. Très souvent, mes interlocuteurs me regardaient en se disant « on n'a jamais entendu ça, c'est qui ce mec ? ». Puis ils attendaient de voir si j'allais lier les paroles aux actes.

Concrètement, quand j'étais entraîneur des U15 Régional 1 de Chartres en 2018-2019, lors des matchs, je tenais un cahier des temps de jeu. J'ai utilisé 27 joueurs sur la saison entière en équipe A. À chaque rencontre, d'une durée de deux fois quarante minutes, je me devais de donner quarante minutes de jeu minimum aux 14 joueurs de ma feuille de match. Ça m'a couté des matchs, mais l'essentiel n'était pas là. Il faut savoir qu'en région Centre-Val de Loire, on faisait parfois des déplacements de plus de deux heures. Comment faire venir un gamin de 14 ans à un match et le faire jouer douze ou quinze minutes sous prétexte que l'équipe gagne ?

Par exemple, lors d'un match, nous menions 2-0 à la mi-temps. Mes joueurs avaient réalisé une première période de très grande qualité. J'ai alors effectué des remplacements. On aurait quand même pu l'emporter, mais nous avons fait 2-2. L'éducateur adverse, avec qui j'échangeai en fin de rencontre, me dit : « C'est rare qu'une équipe nous trimballe comme vous l'avez fait en première période. Dommage que tu aies fait des changements. » Il sous-entendait donc que lui n'en aurait pas fait. Compréhensible, mais ce n'est pas du tout ma façon de concevoir le football de jeunes. Et si nous avons fait match nul, c'est peut-être que je m'étais trompé sur le niveau des joueurs que j'avais pris. Devaient-ils payer mes erreurs, en ne jouant pas ? Pour moi, la réponse est non.

Autre anecdote qui montre tout ce que je déteste dans ce football de jeunes. Avec Chartres, nous affrontions Tours. À ce moment de la saison, si nous les battions, nous passions devant eux au classement. Nous menions 2-0 et ils ne voyaient pas le ballon. Ils avaient un latéral gauche extrêmement rapide. À la 55e minute, l'entraîneur de Tours décide le faire passer attaquant pour utiliser sa vitesse. À ce niveau, il y a un arbitre central officiel mais les arbitres-assistants sont des dirigeants des deux clubs. Tours revient à

2-1. Quelques minutes après, le fameux joueur fait un appel, n'est pas servi et se retrouve donc hors-jeu d'au moins cinq mètres. Son coach lui lance « replace-toi, tu vas être hors-jeu ». Sa phrase à peine terminée, le ballon passe au-dessus de notre défense et arrive sur le joueur en question qui s'en va égaliser seul face à notre gardien. Évidemment, l'arbitre-assistant de ce côté était le dirigeant de Tours qui ne leva pas son drapeau. L'arbitre valide le but. Je regarde l'entraîneur et lui dit : « Tu n'as pas honte. » Il me répondit : « On va le gagner le match. » Sur le moment, j'ai craqué devant cette attitude. Pendant plusieurs minutes, je me suis assis sur le banc, n'arrivant plus à me concentrer sur le match, abandonnant mes joueurs. Quand j'ai repris mes esprits, nous perdions 2-5 et j'étais en grande partie responsable. J'avais abandonné mes joueurs, tombant dans le piège de l'injustice alors qu'à ce moment il n'y avait que 2-2. Je me suis d'ailleurs excusé auprès de mes joueurs.

Avec le recul, je me suis dit : « Pauvre football ! Comment gagner comme ça ? Comment éprouver de la fierté, une reconnaissance pour son travail ? » Pour rien au monde je ne voudrais, un jour, me retrouver dans cette position.

On a beaucoup parlé de résultats ou de technique. Mais en vérité, la formation d'un joueur, c'est encore un peu plus que ça : c'est l'objectif de faire comprendre le jeu au joueur. Vous pouvez avoir les plus grandes qualités techniques ou athlétiques, si vous ne comprenez pas le jeu, elles ne vous serviront à rien ou pas à grand-chose.

La compréhension du jeu, elle est individuelle et collective. Je joue avec et pour mon partenaire, en fonction de lui mais aussi de l'adversaire, de ma position sur le terrain et de ce qu'il s'y passe.

Individuellement, si je sais dribbler mais que je ne sais pas quand dribbler, il y aura plus d'échec dans mon jeu. Je dois donc comprendre à quel moment je dois dribbler, mais aussi la distance de déclenchement du dribble par rapport à la position de l'adversaire, utiliser l'appel de balle d'un partenaire pour éliminer. Ce sera la même chose avec la passe : quand dois-je jouer dans les pieds ou dans l'espace ?

Collectivement, la compréhension du jeu, c'est voir ce qui se passe autour de moi. Où est l'espace créé par un partenaire ? Où dois-je me positionner pour créer un espace ou pour offrir une solution ? Comment me positionner et/ou quel choix de pied et de surface utiliser pour jouer en une touche de balle et garder le temps d'avance ?

Des questions comme celles-ci, il y en a des centaines par match. Celui qui est capable de répondre au maximum de questions sur chaque action, chaque mouvement, est celui qui se rapprochera le plus de la perfection de la compréhension du jeu. Là aussi, les différents joueurs avec qui j'ai échangé, me disaient tous la même chose : « On a beaucoup travaillé sur les différences individuelles. »

Xavi, joueur exceptionnel, l'explique parfaitement : « Que dois-je faire quand je reçois le ballon ? Chercher des zones libres pour gagner du temps de réflexion. Pour voir le maximum, il faut que je sois bien orienté. Là, je prends alors le maximum d'informations sur l'espace et je gagne du temps de réflexion. Perdre du temps en football, c'est comme perdre de l'or. »

Les différentes cellules d'étude de l'UEFA ont démontré qu'un joueur prend, en moyenne, trois informations en dix secondes par le regard. Pour Xavi, ça pouvait monter à huit infos en dix secondes. Cela explique pourquoi l'espagnol était si fort pour se donner du temps et en offrir aux autres.

Mais s'il y a un élément-clé de la formation, c'est d'oser, de tenter. Pour cela, l'éducateur est le personnage central. Si à chaque erreur, chaque ballon perdu, il hurle sur le gamin, voire pire, il le sort, le joueur choisira alors toujours la solution qui lui permet de ne pas perdre le ballon, donc souvent à côté de lui ou vers l'arrière.

Tenter représente beaucoup de choses dans le jeu mais aussi en dehors. Quand je tente, c'est qu'on a confiance en moi. Quand je tente, c'est que je ne suis pas inhibé. Quand je tente, je crée, je suis donc productif. Quand je tente, je mets du doute chez mon adversaire qui doit être attentif, concentré, sur ses gardes. Quand je tente, je garde le temps d'avance obtenu au cours d'une action. Enfin, quand je tente, je vais sûrement rater quelques fois mais ça va me permettre de progresser et également de travailler mon mental : « J'ai raté mais je ne vais pas m'écrouler, je vais continuer à oser. »

Roberto De Zerbi, entraîneur de Sassuolo, le répète régulièrement lors des entretiens qu'ils donnent aux médias : « Je n'engueulerai jamais un joueur qui tente mais plutôt un joueur qui n'ose pas. Je préfère un joueur qui ose même s'il rate plutôt qu'un joueur qui se cache. »

Dorénavant, comme les médias nous abreuvent de statistiques, nombreux sont ceux qui les prennent sans aucun recul. « Si j'ai 100 % de passes réussies, j'ai automatiquement réalisé un bon match. » Pas du tout. Si vous n'avez rien créé, si vous avez fait reculer votre équipe à force de jouer vers l'arrière, si vous avez permis à l'adversaire de se replacer, si vous lui avez permis de faire avancer son bloc, même avec 100 % de passes réussies, vous avez raté votre match.

Une fois qu'on a posé le cadre de ce que devrait être la formation, on s'aperçoit d'un problème structurel en France : la continuité entre les jeunes et les pros, entre la formation et l'élite. Au Barça, à l'Ajax d'Amsterdam ou au RB Leipzig, les principes de jeu enseignés sont les mêmes à tous les niveaux du club. Le joueur dispose alors de repères, d'une vraie culture club quand il est appelé à jouer ses premières minutes chez les pros. En France, on forme des joueurs à très fort potentiel individuel mais avec très peu de réflexion collective. C'est la raison qui pousse les clubs allemands, par exemple, à venir recruter en France des joueurs jeunes aux profils qui n'existent pas chez eux. Mais il faut les recruter assez tôt pour parachever leur formation afin qu'ils acquièrent une réflexion collective, le fameux QI foot. Pourquoi les clubs français fonctionnent différemment ? Parce qu'il faut vendre.

D'ailleurs, on pourrait aller plus loin : y a-t-il, en France, des clubs avec une véritable identité de jeu ? Chez les jeunes, Lyon et Lorient travaillent avec des principes forts, basés sur le jeu, la technique. Le club référence dans cette philosophie fut évidemment le FC Nantes et le fameux jeu à la nantaise. Mais il faut parler au passé car on semble avoir oublié tous ces beaux principes du côté de La Jonelière, le centre de formation des Canaris. Pendant des dizaines d'années, les jeunes nantais intégraient l'équipe professionnelle avec des repères extraordinaires pour arriver en confiance. Ce n'est pas anodin si le club a gagné la majorité de ses titres avec des équipes composées, en grande partie, de joueurs issus du centre de formation et avec des entraîneurs de cette même école.

Encore une fois, ce lien doit se ressentir quand les clubs engagent un entraîneur. Au FC Séville, on le choisit en fonction de l'identité du club, mélange entre résultats et progression des joueurs. Quand le club espagnol choisit Julen Lopetegui, il l'est autant pour sa connaissance du haut niveau que pour son côté formateur. Quand on voit un club comme Lyon, en France, il n'y a pas ce lien. Pourtant, le club de Jean-Michel Aulas est une référence en termes de formation. Dans le Rhône, on forme beaucoup de milieux ou d'attaquants avec une qualité technique au-dessus de la moyenne et un côté créatif plus important qu'ailleurs. Créatif, ce n'est pas forcément un dribbleur, mais c'est celui qui imagine des choses moins visibles ou qui sort du cadre par son imagination. Houssem Aouar, Nabil Fekir, Amine Gouiri, mais aussi Maxence Caqueret possèdent cette qualité. Or, quand il faut recruter un entraîneur, l'OL recrute Silvinho puis Rudi Garcia, pour ne citer que les derniers. Le Brésilien n'est pas resté assez longtemps pour avoir une idée, même si on sentait la construction d'une équipe très rigide. Quant à Rudi Garcia, il aime les équipes solides, qui misent 80 % de leur performance sur l'état d'esprit et les attaquants rapides plus que sur le jeu. C'est tellement loin de ce que produit le centre de formation lyonnais que les offensifs n'ont pas été formés au club, et que Maxence Caqueret et Houssem Aouar n'ont pas été alignés en priorité. Maxence Caqueret a certes joué 28 rencontres mais il fut titulaire moins de 50 % des matchs et n'a joué que 50 % des minutes totales alors qu'il avait réalisé un superbe final 8 où l'OL atteignit les demi-finales.

La France serait le pays où on fait le plus jouer les jeunes parmi les pros. Certainement une vision déformée de la réalité. Par exemple, le Celta Vigo a fait jouer 49 % du temps de jeu global à des joueurs formés en Espagne, la Real Sociedad 48,5 % et l'Athletic Club (Bilbao) 40,6 %. Ces trois clubs forment 40 % de leur effectif sur un bassin équivalent à la région PACA. À titre de comparaison, Saint-Étienne (avec Claude Puel, tiens, tiens !) a fait jouer 35 % du temps de jeu à des jeunes formés au club. Le 2e club français, c'est Lyon avec 21 % puis Nîmes 20 %.

Mais la formation ne s'arrête pas au terrain. L'éducateur doit aussi mettre en place un certain nombre d'éléments pour permettre aux joueurs de progresser humainement. Si vous voulez des joueurs qui pensent collectifs, qui pensent équipe, il faut que les règles soient les mêmes pour tous. Or, et on en revient encore au résultat, quand le meilleur joueur se comporte mal au club ou à l'école, il doit être sanctionné, ce qui est rarement le cas. Logique, ce joueur vous fait gagner les matchs, pourquoi s'en priver ?

Ainsi, certains joueurs se sentent au-dessus de tout, intouchables. Voilà pourquoi, par exemple, quand ils se retrouvent en pro et que le coach décide de les remplacer en cours de match, ils le vivent mal.

Ils ne comprennent pas, se disant « mais pourquoi tu me sors, je suis le meilleur ».

C'est aussi le problème du « deux poids deux mesures » si dévastateur dans un sport collectif : les coéquipiers le vivent mal. Petits et gros passe-droit vis-à-vis des starlettes des équipes attisent les sentiments d'injustice et créent des frustrations parmi tous les coéquipiers.

De plus, on nous explique sans arrêt que sortir un joueur par génération (une année de naissance), c'est déjà exceptionnel. Mais qui a décrété cela ? Qu'est ce qui empêche de sortir quatre, cinq ou six joueurs d'une même génération ? Rien.

Le fait d'établir cette règle, réduit le travail du coach. Plutôt que de s'occuper des quinze ou dix-huit joueurs, il va se concentrer principalement sur un ou deux joueurs parce qu'ils semblent être ceux au plus fort potentiel, à ce moment-là de leur carrière en tout cas. Mais comme chacun évolue à sa vitesse, on passe alors à côté d'un tas de joueurs. Celui qui grandit moins vite, comme celui qui n'a pas encore eu le déclic. On passe aussi à côté de certains parce qu'on ne leur pas a donné suffisamment confiance, ou qu'ils ont vécu l'injustice plus profondément que les autres.

Enfin, pendant la formation, la notion de plaisir doit être au cœur du projet. Et le plaisir, ce n'est pas que mettre un petit pont à l'adversaire... C'est venir s'entraîner, retrouver ses partenaires, apprendre, jouer ensemble. C'est ce qui vous fait venir à l'entraînement ouvert, prêt à recevoir, et non pas comme on va au travail. Trop de joueurs vont en séance obligés, par peur de ne pas jouer le match du week-end.

Après cinq ans de formation à trimer, le contrat pro est alors l'aboutissement. Vous le retrouvez souvent dans les interviews des joueurs quand ils évoquent leur période de formation. Ils parlent de souffrance, de sacrifice, alors qu'on parle de football, un jeu qui nous passionne depuis notre enfance, ce jeu qui nous fait rêver, nous fait nous imaginer jouer la finale de la Ligue des champions ou de la coupe du monde, de marquer le but vainqueur dans les dernières minutes. Le football, ça ne doit pas être l'usine, le lieu où on va contraint, sans envie, sans plaisir mais avec pour seul objectif de signer le contrat pro pour gagner de l'argent.

Il ne faut pas se tromper et mentir : les clubs sont là pour former des footballeurs et la scolarité passe au deuxième voire au troisième plan. Malgré tout, c'est une erreur. L'école doit servir de cadre au joueur.

On y apprend le respect, l'honnêteté, le bien-vivre ensemble, sans compter le travail et la réflexion. À négliger le scolaire, on donne trop souvent de mauvais repères à des jeunes en construction.

Le gamin qui se comporte mal à l'école mais qui continue de jouer parce qu'il est très fort, on lui fait comprendre qu'il peut tout se permettre. Sur le moment, on ne voit pas forcément l'impact, mais c'est ce qui donnera, plus tard, un joueur qui n'accepte pas d'être remplacé en cours de match ou de démarrer sur le banc parce qu'il est arrivé en retard à la causerie, un joueur qui ne se donne pas pour son équipe, un joueur qui en a oublié peut-être que le football est un sport COLLECTIF.

Pour terminer sur la scolarité, puisqu'on estime entre un et trois joueurs le nombre qui réussira à devenir professionnel sur une promotion, il faut que les quinze ou seize qui échoueront aient une porte de sortie. À partir du moment où le club, sous la responsabilité de la FFF, propose un projet sportif et scolaire, il a le devoir de tout mettre en œuvre pour que le jeune réussisse ses études, et par étude, j'entends autre chose que la formation la plus facile pour lui permettre d'être tourné exclusivement sur le football.

Les anciens joueurs Tripy Makonda et Jean-Michel Badiane ont de très bonnes réflexions sur le sujet. Le premier me disait que « la scolarité n'est pas une priorité. Mais je reconnais aussi que les jeunes ne prennent pas assez conscience des conseils qui leur sont donnés. On se dit qu'on va réussir dans le foot. » Il élargit aussi cette réflexion à l'après-carrière.

Pour Jean-Michel Badiane, le constat est le même mais il nuance « C'est aussi à l'individu de se prendre en main. Je me suis toujours intéressé à beaucoup de choses. Pendant ma carrière, sur mes jours de repos, j'allais visiter des clubs à l'étranger pour voir ce qui se faisait, comment on travaillait. »

Quand on parle de formation, on oublie régulièrement un poste : le gardien de but. Pourtant, en plus de son rôle essentiel, celui d'empêcher le ballon d'entrer dans le but, on oublie souvent que là aussi, il y a des principes de jeu essentiels à mettre en place.

Aujourd'hui, on a décrété que les gardiens devaient être grands, dès les jeunes catégories. Les éducateurs mettent alors de côté le gardien plus petit même si celui-ci possède des qualités indéniables.

Le rôle du gardien est souvent limité par nous, éducateurs, souvent anciens joueurs de champ, aux arrêts effectués qui nous permettent de gagner. On y ajoutera le jeu au pied désormais important. Mais lors de mon échange avec le gardien pro Quentin Westberg, il y a, avec ce poste, des notions qu'on délaisse à tort.

Suivant la position de votre bloc-équipe, le gardien va se positionner différemment. Il va avoir un impact sur la façon de défendre de votre équipe et un rôle essentiel dans la mise en place de vos principes.

Parfois, je me disais qu'envoyer mon gardien de l'équipe A en équipe B pouvait être intéressant, surtout si mon équipe gagnait tous ses matchs facilement. Après discussion avec le gardien passé par l'INF Clairefontaine, là aussi ma vision a changé. Si vous faites redescendre votre gardien en équipe B et qu'il prend cinq ou six buts, vous pouvez créer chez lui une perte de confiance, se disant : « Finalement, je ne suis pas si bon, c'est grâce aux autres que je ne prends pas de buts. »

Quentin Westberg m'expliquait qu'il faut faire participer les gardiens aux séances sur le terrain. Par exemple, à son époque, à Clairefontaine, ils étaient trois gardiens. Lors des oppositions, deux étaient dans les buts, le troisième sur le terrain, à différents postes. En plus de travailler sa technique de jeu au pied, ça lui permettait de comprendre les déplacements et les efforts des joueurs sur le terrain. « Quand on est à la 85e minute et que mon latéral souffre, je le comprends et je ne vais pas en rajouter s'il fait une erreur. »

Le gardien, on a souvent tendance à réduire son rôle et son impact. Mais lui aussi fait partie de l'équipe et son attitude, son positionnement sur le terrain, permettra, par exemple, à votre collectif d'évoluer plus haut, plus sereinement.

Pour comprendre les limites de la formation, prenons l'exemple du poste de latéral. En France, on donne très peu d'importance à ce poste chez les jeunes. On y met souvent le joueur le moins doué, pour faire le nombre. Puis, en fin de formation, voire arrivé chez les pros, on y place un joueur offensif, sur le mode : « Je n'ai pas un bon latéral, je vais faire un choix par défaut. » On décide alors de replacer un ancien attaquant, on fera moins attention à ses lacunes défensives mais au moins il nous apportera offensivement. Tripy Makonda jouait milieu de terrain gauche ou relayeur. À dix-huit ans, on le replace latéral gauche parce que chez les pros, il n'y avait que Sylvain Armand à ce moment-là au PSG. Comment demander à un joueur d'être performant à un poste qu'il n'a jamais occupé pendant sa formation. Des exemples comme lui, il y en a des dizaines.

Pour les défenseurs centraux, c'est pareil. Trop souvent, on se plaint de joueurs qui ne savent pas défendre en un contre un. Mais c'est logique. On nous parle sans cesse de couverture, d'équilibre, de supériorité numérique défensive. Quand, exceptionnellement, un joueur se retrouve en un contre un, sans couverture, il ne sait alors pas comment gérer la situation. Mais on ne prendra pas le risque de laisser des défenseurs en un contre un pendant la formation puisqu'il faut gagner et ne pas prendre de but.

On peut s'amuser comme cela à chaque poste. Le milieu devant la défense est là pour apporter l'équilibre, compenser défensivement et donner le ballon dès qu'il le reçoit parce qu'il ne faut surtout pas prendre de risque, ne pas perdre le ballon. Il jouera donc souvent latéralement ou vers l'arrière, l'important étant de ne pas perdre le ballon. Non seulement on perd alors un joueur dans la construction, mais le jour où les milieux qui jouent un peu plus haut sont moins performants ou qu'ils sont bien bloqués par l'adversaire, vous allez vous plaindre que votre milieu défensif ne puisse pas prendre le relais et permette à l'équipe de continuer à jouer. Là aussi, tout est logique. Il ne l'a jamais fait, comment peut-il le faire d'un claquement de doigt ?

Pour étayer tout cela, je n'aurai pas cru pouvoir compter sur l'équipe de France espoirs. À l'Euro 2021 de la catégorie, les jeunes Français ont été éliminés en quart de finale par les Pays-Bas (1-2). L'élimination n'a rien de grave, ça arrive, c'est le football. Pourtant, il y avait de sacrés joueurs qui composaient le groupe. En défense, Benoît Badiashile, Colin Dagba, Wesley Fofana, Ibrahima Konaté, Dayot Upamecano, Adrien Truffert, Faitout Maouassa et Pierre Kalulu. Au milieu, Houssem Aouar, Eduardo Camavinga, Maxence Caqueret, Romain Faivre, Youssouf Fofana, Boubakary Soumaré, Aurélien Tchouaméni. En attaque, Moussa Diaby, Odsonne Edouard, Amine Gouiri, Jonathan Ikoné et Kolo Muani. Quand on analyse cette liste, la moitié des joueurs ont déjà plusieurs matchs de Ligue des champions à leur actif. Tous sont titulaires dans des clubs importants de leurs championnats, que ce soit en Allemagne, en France ou en Angleterre.

On en revient alors à la formation des joueurs et des entraîneurs. Chaque joueur possède des qualités individuelles mais, ensemble, ils ne forment pas un collectif. Mais pourquoi réussissent-ils à l'étranger alors ? Très simplement parce qu'avec leurs qualités individuelles, inscrits dans un collectif cohérent, ils sont bons. Alignés comme une somme d'individualités, ça ne vaut pas grand-chose.

Dans les autres pays, il y a un socle collectif commun. Que ce soit en Allemagne, au Portugal, aux Pays-Bas ou en Espagne, on travaille sur l'intelligence de jeu, les relations. Les sélectionneurs en place ont alors une base de travail commune à la majorité des joueurs.

En France, comme il n'y a aucune idée collective et qu'on ne forme que des individualités, le sélectionneur doit trouver comment faire jouer et associer tout ce beau monde. Le problème, c'est qu'on a choisi Sylvain Ripoll. À part sa proximité régionale avec Noël Le Graët, on ne comprend pas. Quelles sont ses idées de jeu ? Après plusieurs années à la tête des espoirs, qu'a-t-il mis en place ? Certains joueurs ont participé à la campagne de qualification, mais une fois les stars Dayot Upamecano, Eduardo Camavinga ou Houssem Aouar disponibles, ils ont disparu. Est-ce logique ?

On nous explique, à longueur de communication, qu'on a changé les mentalités, la façon de voir le foot en France. Sauf que pour ce match contre les Pays-Bas, Maxence Caqueret et Amine Gouiri, peut-être les deux joueurs avec la plus grande intelligence de jeu, sont sur le banc. Qu'on a mis sur le terrain, comme décrit dans ce livre, le petit arabe meneur de jeu (Aouar).

Il y a deux façons de voir les sélections de jeunes. Gagner des titres, et, de ce côté-là, c'est régulièrement raté. L'autre, c'est de travailler sur un projet de jeu global, fait de passes, de courses, de spectacle, développer l'intelligence de jeu et l'idée que le football est un sport collectif. La FFF et la DTN ont donc décidé de n'être sur aucun de ces deux axes.

Évidemment, quand on perd, on explique que ce n'est pas important, que cette équipe ne vise rien de spécial. C'est faux, sinon pourquoi avoir rappelé tous les « cracks » pour l'Euro quitte à en écarter certains qui avaient participé à la campagne de qualification quand les Upamecano ou Aouar étaient appelés avec les A ?

Après les espoirs, les A. On ne pouvait pas rêver meilleur résumé de tout ce qu'on a expliqué autrement qu'avec l'élimination de l'équipe de France en huitième de finale de l'Euro 2020 (joué en 2021 à cause de la crise sanitaire) par la Suisse (3-3, 4 tirs aux buts à 5).

Chaque joueur de cette équipe évolue dans les trois ou quatre meilleures équipes des cinq grands championnats : Chelsea, le Bayern, le Real Madrid, le FC Barcelone, le PSG, ou encore Manchester United pour ne pas tous les citer.

En 2018, la France a été championne du monde. Le résultat est indiscutable. En revanche, dans le contenu des matchs, il y avait des choses à dire : manque d'idées de jeu, attaque basée sur les exploits individuels et la vitesse de Kylian Mbappé. Mais ça a marché. Difficile alors d'émettre la moindre critique sans passer pour un rabat-joie, un aigri voire un traitre à la nation.

Pendant trois ans, jusqu'à l'Euro joué en 2021, Didier Deschamps va rester sur ses acquis, tentant quelques expériences comme une défense à trois courant 2020, mais à chaque rencontre importante, il revenait aux principes de 2018. Comme les résultats suivaient globalement, les critiques n'étaient toujours pas recevables.

Juste avant l'Euro, en manque d'idée offensive, le sélectionneur décide alors de rappeler Karim Benzema après cinq ans de boycott. Sans évolution, il a sûrement pensé qu'un seul joueur pourrait modifier le visage des Bleus, mais il s'est surtout protégé d'une éventuelle désillusion. En cas d'élimination prématurée, on ne pourrait plus lui reprocher le boycott de Benzema, alors meilleur attaquant français du moment.

L'équipe de France a battu l'Allemagne 1-0. À part les trente premières minutes, les Français ont souffert. Il n'aura manqué aux Allemands qu'un attaquant capable de terminer les actions. Nouvelle victoire qui masquait les lacunes. Puis, face à la Hongrie, les Bleus réaliseront un match nul sans vie, sans panache, brouillon. Mais après avoir été menés aux scores, ils sont revenus. Encore une fois, le résultat en cache-misère fait croire que cette équipe a un mental. Pour terminer la phase de poule, c'est un match nul 2-2 face au Portugal dans une rencontre jouée alors que la France était qualifiée avant le coup d'envoi. La première place acquise avec ce résultat, il n'y avait donc que les aigris, les jaloux qui pouvaient critiquer cette équipe qui terminait en tête devant l'Allemagne et le Portugal.

En huitième de finale, mis à part pendant une grosse vingtaine de minute en milieu de seconde période, l'équipe de France a été mangée, trimballée, dominée, prenant même parfois des leçons de football dans l'utilisation du ballon. Élimination logique en forme de résumé des maux du football français.

Miser sur une équipe défensive, solide, qui cherche le joueur rapide devant, désolé, mais on voit ça en district tous les week-ends. Miser sur les différences individuelles avec le ballon plutôt que du collectif, du jeu, de la prise de risque, là aussi, c'est le résumé de notre football. Et finalement, quand il n'y a pas victoire au bout, aucun plaisir aucune émotion, tout est à jeter à la poubelle. Voilà ce que ça donne d'ériger le résultat comme seul baromètre et les individualités au-dessus du collectif.

Jouer ainsi au foot, c'est comme celui qui passe son bac en révisant deux sujets sur dix. S'il tombe dessus, tant mieux pour lui. Mais il y a quand même plus de chances d'avoir son diplôme en révisant les dix sujets, plutôt que de faire un pari, non ?

Ne jamais oublier que le football est un jeu et le plaisir en est une donnée importante. Les joueurs sont prêts à se sacrifier, à souffrir, à être bridés, si c'est pour gagner un premier grand titre comme celui de champion du monde 2018. En revanche, sur la durée, le plaisir et le jeu seront toujours plus importants. Et ils ne seront pas synonymes de défaite.

L'Angleterre est arrivée en finale de l'Euro en copiant, dans les grandes lignes, l'équipe de France 2018. En finale, après avoir ouvert le score dès la deuxième minute de jeu, les Anglais se sont mis à défendre et à miser sur les accélérations de Sterling. Heureusement pour le football, l'équipe qui propose le moins ne gagne pas toujours. C'est l'Italie qui s'est imposée et tant mieux car elle fut, avec l'Espagne et le Danemark, l'équipe qui a le plus essayé de jouer au foot.

Reste alors à comparer avec les autres pays. Que ce soit en Espagne, au Portugal ou en Allemagne, les principes collectifs sont très importants et on travaille sur la réflexion et l'intelligence de jeu. Mais surtout, il y a régulièrement une remise en question et des évolutions.

Les Allemands ont modifié leur façon de voir la formation après l'échec de leur sélection à la coupe du monde 1998. Ils ont alors mis en place un projet basé sur le spectacle, l'intensité, la technique. Ça a donné des résultats mais, vingt ans plus tard, les Allemands ont constaté certaines limites.

À force d'insister sur les principes collectifs, on a créé des joueurs qui s'inscrivent parfaitement dans un cadre, mais presque incapables d'en sortir.

Désormais, les Allemands étudient les évolutions possibles. L'idée du collectif toujours et encore mais en essayant de former des joueurs capables de sortir du cadre pour débloquer une situation. Comme l'explique très bien Marcelo Bielsa, « le jeu c'est le collectif, la coordination mais, à un moment, quand tout est bloqué, c'est le joueur de talent, celui qui sait éliminer par le dribble, qui va débloquer la situation. »

Pour schématiser, en Allemagne on était trop dans le collectif quand, en France, on est trop dans l'individualité. L'idéal, ce serait d'allier les deux.

Autre pays qui réfléchit différemment : l'Angleterre. Là-bas, si un joueur possède un potentiel mais qu'il est plus frêle que les autres, une règle l'autorise à évoluer un an de plus dans la catégorie inférieure. Concrètement, un U14 est très bon mais en difficulté parce qu'athlétiquement, dans sa catégorie, il souffre. On autorise alors le club à utiliser ce joueur en U13 un an de plus.

Ce n'est pas la solution miracle, mais la réflexion a le mérite d'exister. On sait que plus de 60 % des joueurs qui percent sont nés lors du premier semestre de l'année. Pourquoi ? Parce qu'entre huit et quinze ans, six mois, c'est une éternité et qu'entre un enfant né le 15 janvier et celui né le 12 décembre, la différence peut être gigantesque physiquement. On perd alors injustement celui né en fin d'année.

Au Danemark, on réfléchit à comment mieux former les joueurs. Auparavant, les meilleurs Danois émigraient rapidement vers les Pays-Bas. C'est toujours le cas mais, désormais, la fédération danoise a réfléchi et travaillé avec les clubs (notamment Nordsjaelland) pour mettre en place une idée de jeu pour les cinq à dix prochaines années et former des joueurs qui correspondront à ces principes. D'ailleurs, le Danemark a réalisé un bel Euro 2020 avec une envie de marquer, de jouer et un sélectionneur, Kasper Hjulmand, qui travaillait auparavant à Nordsjaelland.

Pour élargir hors de l'Europe, comment ne pas se tourner vers le Brésil. On y fonctionne de deux façons : les académies privées et les centres de formation des clubs classiques. Les académies, c'est un business. On paye pour y entrer, on a donc une population plus aisée, différente des fameux gamins qui ont appris le foot dans la rue.

De l'autre côté, les clubs forment des joueurs pour l'exportation. Ils ont donc « européanisé » le joueur, lui enlevant sa part de créativité pour le rendre plus rigide, plus à-même d'être repéré, de correspondre aux profils du foot européen et de s'intégrer facilement dans un club du vieux continent. Encore une fois, il y a des exceptions, mais il suffit de regarder la Seleçao arrivée en finale de la Copa América pour se rendre compte du déficit de créativité dans cette équipe où seul Neymar est capable de sortir du cadre. D'ailleurs, au niveau des latéraux, le Brésil, réputé pour en avoir formé un très grand nombre, a joué avec Danilo et Renan Lodi dont on ne peut pas dire qu'ils s'inscrivent vraiment dans la glorieuse histoire des latéraux comme Branco, Cafu, Roberto Carlos, Maïcon, Dani Alvès, Marcelo ou évidemment Carlos Alberto dans les années 70.

Reste que même là-bas, il y a désormais une réflexion menée par d'anciens pros qui ont ouvert leurs académies : ils pensent qu'il faut revenir à ce qui a fait la force du footballeur brésilien, à savoir la créativité, le dribble et le spectacle. Donc sortir d'un cadre et d'une forme de rigidité...

Enfin, entre les clichés et les idées reçues, on n'appréhende pas le joueur comme il est mais plutôt comme on veut qu'il soit. Un grand Noir, c'est costaud, c'est physique, c'est là pour défendre. Le petit Maghrébin, c'est technique, vif, c'est là pour créer et éliminer. Le problème de cette pseudo-réflexion, c'est qu'on met les joueurs dans des cases et qu'on limite leur expression.

Autre exemple, la frappe de balle. On a des prérequis bien établis sur la position du corps, l'orientation des épaules, le pied d'appui et la façon de frapper le ballon. Si un joueur ne se positionne pas comme il faut, on va tenter de le corriger. Or, chaque être humain est différent et il faudrait plutôt adapter notre discours, nos corrections à l'individu. Mais c'est un fait typique à la France. Par exemple, la façon de frapper le ballon de Juninho était inédite à son époque. S'il avait grandi en France, on lui aurait expliqué que ce n'est pas comme ça qu'on frappe un ballon. On l'aurait corrigé et on se serait trompé. Lui a travaillé avec sa spécificité et ça a marché.

Prenons l'exemple du tennis. Alberto Berasategui fut finaliste à Roland Garros en 1994. L'Espagnol frappait son coup droit avec la face de la raquette pour effectuer un revers. En France, on l'aurait corrigé, repris encore et encore, et on aurait sûrement fabriqué un autre joueur qui, peut-être, n'aurait même pas percé sur le circuit professionnel.

Finalement, la formation, c'est l'exploitation d'une mine de diamants, qu'on doit polir. Si vous savez extraire le diamant, c'est un début, mais si vous ne savez pas le polir, vous allez donner un produit standard. En revanche, si vous savez y faire, avec les spécificités de chaque diamant, vous allez en donner la meilleure version, le bijou ultime.

L'ogre PSG

Le PSG, c'est évidemment le club phare en France et donc en Île-de-France. Il fait régulièrement partie des meilleurs centres de formation français, à la lutte avec Lyon. Ce classement permet aux clubs de se valoriser auprès de leurs futures jeunes recrues. Avant d'aller plus loin, il faut comprendre comment est établi le classement des centres de formation en France.

Il existe cinq critères qui rapportent chacun un certain nombre de points et permettent ainsi de classer les centres de formations avec des étoiles. Le niveau quatre étoiles, élite, a été attribué en 2021 à cinq clubs : l'Olympique lyonnais, l'AS Monaco, le Stade rennais, le Toulouse Football Club et le Paris-Saint-Germain. Le premier critère, c'est le nombre de contrats professionnels signés par les joueurs formés au club. Viennent ensuite le nombre de matchs joués en professionnel par les joueurs formés au club, puis le nombre de matchs joués en sélection nationale par ces mêmes joueurs, le nombre de diplômes scolaires obtenus, et le nombre d'entraîneurs du club sous contrat.

On va voir que ces critères ne sont pas forcément significatifs et peuvent même être gonflés artificiellement pour obtenir un maximum de points.

Le nombre de contrats professionnels signés par les joueurs formés au club, à première vue, on pourrait se dire que c'est une preuve forte. Si les joueurs ont signé un contrat professionnel, c'est qu'ils sont bien formés. Pas si simple. Avec les règles en vigueur, et l'image de la région Île-de-France, les jeunes Parisiens sont surveillés par tous les recruteurs des clubs européennes. Durant la saison 2019-2020, le PSG a fait signer une dizaine de joueurs et lors de la saison 2017-2018, ce ne sont pas moins de 22 joueurs qui ont eu droit à leur premier contrat professionnel. Certains parce qu'ils ont un réel potentiel, mais d'autres pour les sécuriser et éviter de les voir partir gratuitement, comme ce fut le cas de Tanguy Kouassi au Bayern de Munich. Une certitude : en faisant signer une dizaine de contrats pros, vous allez marquer beaucoup de points.

Le deuxième critère, celui des matchs joués en pro, est sûrement le plus intéressant. Il se rapproche le plus de la réalité, mais là aussi, est-ce un critère 100 % fiable ? Évidemment, non. Parce que pour un jeune, face à la pléiade de stars, jouer au PSG est plus difficile qu'à Rennes, Strasbourg ou Dijon. Mais en fin de match, on peut aussi donner quelques minutes à un jeune, juste pour lui faire comprendre qu'il compte.

Concernant le nombre de matchs joués en sélection, là-aussi, ce n'est pas une vérité. Chez les jeunes, les sélections sont souvent faites en fonction du club où vous jouez. Si un jeune est très bon dans un club comme Chartres (je le cite parce que j'y ai entraîné), qui va venir le voir ? Les sélectionneurs ne peuvent pas voir tous les matchs de jeunes. Ils vont donc se baser sur les rassemblements des sélections régionales. Le problème c'est que, là aussi, quand vous jouez à Tours ou à Châteauroux, pour rester sur la région Centre-Val de Loire, vous avez plus de chances d'être retenu que si vous jouez à Châteaudun. Enfin, et même si ça ne plaira pas, restent les affinités entre le sélectionneur et les entraîneurs. Eh oui, le foot, ce n'est pas une science exacte.

Sur la question des diplômes scolaires, c'est encore pire. Tous les responsables de centre de formation, quand ils rencontrent les parents, vous parlent du projet scolaire et de son importance. Du bla-bla. Quand vous êtes à l'intérieur du club, on vous expliquera que si le gamin a des facilités en français ou en maths, tant mieux, cependant le but n'est pas de former un ingénieur mais un footballeur. On trouvera alors toujours des solutions de facilité. Orienter les joueurs vers une filière plus simple, qui demande moins de travail et donc permettra de se concentrer sur le football en priorité. Même si un bac S rapporte plus de points qu'un bac pro, il vaut mieux un joueur qui rapporte 20 points avec un bac pro que l'envoyer vers un bac général à 40 points mais qu'il n'obtiendra pas et donc rapportera 0 point.

Enfin, concernant le nombre de contrats d'entraîneur, vous pouvez aussi facilement ajouter un ou deux contrats à des éducateurs en intégrant un peu d'administratif, c'est toujours un contrat qui comptera dans le classement.

Pour en revenir au PSG, en tant que club leader, il devrait attirer les meilleurs Franciliens et en sortir un grand nombre au niveau professionnel. Quand on sait que la région parisienne est régulièrement représentée dans la sélection A mais aussi que c'était la région la plus représentée à la coupe du monde 2018, ce serait juste logique. Sauf que le PSG souffre de beaucoup de maux : la difficulté pour les jeunes de percer au sein du club face à la pléiade de stars, mais surtout l'instabilité et l'absence d'un projet sportif cohérent.

Chaque changement de directeur sportif s'est accompagné d'un changement de responsable des jeunes, avec un projet et des éducateurs différents. Si on devait résumer l'instabilité du PSG, il faudrait ressortir un nom : Bertrand Reuzeau. Le but n'est pas de juger le travail de cet éducateur, mais plutôt son parcours au PSG.

L'ancien joueur de Montpellier est arrivé au club en 2005. Il a été conservé lors du rachat par QSI en 2011. Il a ensuite été licencié du club en 2016 avec une procédure aux prud'hommes, qui a vu le PSG condamné à lui verser une indemnité pour licenciement abusif. Il est parti à Monaco pour deux saisons, jusqu'en juin 2018. Et là, il a quitté la Principauté et a signé… au PSG. Un an plus tard, en 2019, il quittait de nouveau le club pour s'engager alors à… Monaco.

Au PSG, depuis l'arrivée des Qataris, on a eu Bertand Reuzeau donc, puis Carles Romagosa, qui avait travaillé au Barça, accompagné de David Hernandez. On a nommé Luis Fernandez pour le côté ancienne gloire. Avec l'arrivée d'Antero Henrique comme directeur sportif en 2017, on fait place nette pour Paulo Noga, le retour de Reuzeau et la nomination de Thiago Motta à la tête des U19. Un an plus tard, tout ce beau monde était déjà parti.

Avec le retour de Leonardo, nouveau changement. Stéphane Roche reprend les U19 et Stéphane Moreau les U17. Le premier était à Lyon quand le second était à Laval. Vincent Guérin est arrivé au club comme entraîneur adjoint de Roche sur les U19.

Nouveau changement en 2021. Papus Camara devrait reprendre les U19, alors que Yohann Cabaye, qui vient tout juste de terminer sa carrière, qui n'a aucune expérience comme responsable d'un centre de formation, devient directeur sportif de la formation. Encore une fois, plutôt que la compétence, le club de la capitale choisit l'image de l'ancien footballeur professionnel, international et passé par le PSG.

Comme d'habitude, de nombreux éducateurs ne seront pas reconduits, mais on parle également d'un changement possible à la tête du centre de formation où Jean-François Pien pourrait être remplacé. C'est certainement la conséquence des couacs qui ont précipité les départs de plusieurs jeunes prometteurs tels que Adil Aouchiche et Tanguy Kouassi, que la direction n'a pas su (pu ?) retenir.

Il faut savoir que Jean-François Pien a été engagé au club en 2017, pour une raison : il possédait le diplôme de formateur UEFA Youth. Pour un club professionnel, il y a un cahier des charges bien précis à respecter. Avoir un centre de formation est un premier critère. Le classement à l'époque se faisait entre « agréé » ou « élite ». Pour être certifié « élite », il fallait que le club possède deux personnes en possession du certificat de formateur. Avec le départ de Reuzeau, il fallait donc trouver le deuxième pour obtenir la certification « élite » quatre étoiles. Et avant de rejoindre le PSG, devinez où était Jean-François Pien ? Au Qatar.

Désormais, les règles ont évolué. Les centres sont classés en « prestige », classe 1 ou classe 2. Le critère sur les diplômes de l'encadrement a changé. Le club doit avoir un responsable du centre titulaire de l'UEFA Youth (certificat de formateur), puis trois éducateurs titulaires du même diplôme en charge d'une équipe, soit quatre éducateurs diplômés au total. L'avantage de cette classification, c'est que vous pouvez avoir jusqu'à 70 joueurs sous convention (au lieu de 60) et vous pouvez signer jusqu'à huit accords de non-sollicitation (ANS) au lieu de six, des sortes d'exclusivité sur de futurs jeunes prometteurs qui n'ont pas encore l'âge d'intégrer le centre de formation.

Au PSG, on a également décidé de ne plus avoir d'équipe réserve en National 2. Certains n'ont pas compris cette décision mais elle s'explique.

Dans un passé assez lointain, l'équipe réserve servait aux jeunes pour s'aguerrir, mais aussi aux joueurs professionnels pour avoir un peu de temps de jeu lorsqu'ils revenaient de blessures. Au fil du temps, les pros n'allaient plus jouer avec la réserve. D'abord parce que leur investissement était trop faible, ensuite par peur de se blesser contre des footballeurs amateurs, enfin parce que le rythme des matchs étant trop éloigné de celui des pros, il n'y avait plus d'intérêt sportif à les y envoyer.

Si le PSG est allé aussi loin en supprimant la réserve, c'est parce qu'il a considéré que les jeunes avaient soit le niveau pour être dans le groupe professionnel, soit qu'ils devaient partir. Quel intérêt de donner des salaires à des joueurs de vingt ou vingt et un ans pour aller jouer des matchs sans intérêt. Il faut rappeler que les clubs professionnels en France, contrairement à d'autres pays, ne peuvent monter en championnat National. Régulièrement, les jeunes Parisiens jouaient donc des matchs sans enjeu à peine passé la moitié de la saison et pensaient plus à ne pas se blesser pour partir dans un nouveau club qu'à jouer. Désormais, les jeunes évoluent donc soit avec les U19, soit avec les pros. Dans les autres cas, ils sont transférés ou prêtés.

Selon Nicolas Maurice-Belay, l'équipe réserve pouvait avoir son intérêt mais il ne fallait pas que ça dure. Intégrer la réserve à seize ou dix-sept ans, c'était formateur. Mais y rester deux ou trois ans, c'était trop long et le joueur perdait du temps. L'idée d'avoir retiré la réserve n'est donc pas une idée saugrenue.

Ce qui est sûr, c'est qu'avec tous ces changements, difficile d'imaginer une ligne directrice dans les principes de jeu inculqués à la formation du PSG. À part avec Thiago Motta, qui avait de vraies idées de jeu et avait presque fait de ses U19 un laboratoire, le PSG n'a pas d'identité.

On est sur un football fait d'addition d'individualités, où chacun développe des qualités individuelles fortes, mais très peu de réflexion collective. À l'inverse, Lyon, par exemple, mise beaucoup sur un football plus collectif, avec des principes forts. Cette différence se voit dans le profil de joueurs qui sortent de ces deux clubs. À Paris, on sort des défenseurs ou des attaquants (Presnel Kimpembe, Timothée Pembélé, Loïc Mbe Soh, Arnaud Kalimuendo, Christopher Nkunku) alors qu'à Lyon on sort beaucoup de milieux et d'attaquants (Amine Gouiri, Houssem Aouar, Maxence Caqueret, Alexandre Lacazette, Nabil Fekir). On trouvera toujours des exceptions, mais on parle là de la majorité des profils dans chaque club.

Il faut alors se souvenir qu'en 2011, quand QSI rachète le PSG, en plus du projet de gagner la Ligue des champions, les propriétaires répètent qu'ils veulent sortir du centre de formation le nouveau Messi parisien. Ils ont la matière première, mais, dix ans après leur arrivée, le nouveau Messi n'est toujours pas là.

Pour sortir le nouveau phénomène, il faut bien choisir ses recrues, évidemment, mais il faut surtout une ligne directrice entre l'équipe première et la formation. Ce lien, c'est le jeu, en tout cas dans ses grands principes. Messi est un phénomène, mais quand il explose au Barça, c'est dans la période où les Catalans vont s'appuyer sur leur formation pour alimenter l'équipe professionnel. Xavi, Andrés Iniesta, Sergio Busquets, Gerard Piqué, Carles Puyol, Pedro sortent de la Masia et parlent le même football.

Dans la période la plus exceptionnelle de ce Barça, le coach était Pep Guardiola, bercé aux principes barcelonais comme joueur, puis entraîneur de la réserve. Le coach catalan va alors sublimer ces principes et mettre Messi dans les meilleures dispositions. L'Argentin aurait été un très grand joueur ailleurs, il n'y a pas de doute, mais tous les éléments étaient réunis pour le mettre encore plus haut.

Au PSG, il n'y a pas de principes forts. On forme des joueurs à fort potentiel individuel mais il est très difficile de les intégrer à l'équipe professionnelle. Ils manquent de culture tactique. Il faut dire qu'ils ne sont pas aidés par les choix de coach à la tête de l'équipe première qui viennent chacun avec des idées différentes.

On estime qu'il faut entre sept et dix ans pour qu'un projet de formation aboutisse à un vrai résultat. On l'a vu avec l'Ajax, demi-finaliste de la Ligue des champions 2019 avec les De Ligt, De Jong et autres Van De Beek, qui ont profité d'une remise à plat de la pensée du jeu au sein du club néerlandais en 2010, après une période de disette. Sous l'impulsion de quelques anciens, dont Johan Cruyff, le club a repensé la façon de former, d'éduquer, de faire travailler les jeunes pour donner cette formidable épopée 2019.

Avec tous les changements de responsables et d'entraîneurs, le PSG ne s'inscrit jamais dans la durée sur sa formation. Il faut imaginer que pour un joueur arrivé au club en 2014, en six ans de formation, il va vivre trois changements de pensée footballistique.

Au PSG, la formation ressemble plus à une guerre d'égo et de politique qu'à un réel projet global pensé pour former des joueurs qui évolueront dans l'élite du club. Il y a de nombreux joueurs formés au PSG qui évoluent au sein des cinq grands championnats européens, mais très peu réalisent des carrières de top niveau.

Kingsley Coman est sûrement l'exception, effectuant un beau parcours au Bayern de Munich, jusqu'à avoir été buteur en finale de Ligue des champions face… au PSG. Pour le reste, Adrien Rabiot joue à la Juve mais dans une équipe en souffrance, éliminée par Lyon puis par Porto lors des deux dernières Ligues des champions. Ensuite, on peut citer Jean-Kévin

Augustin à Nantes, Youssouf Sabaly au Betis Séville, Jonathan Ikoné et Timothy Weah à Lille, Stanley Nsoki à Nice, Younousse Sankaré au Panathinaikos, Jean-Christophe Bahebeck à Belgrade, liste non exhaustive. Seuls Moussa Diaby à Leverkusen et Christopher Nkunku à Leipzig peuvent encore avoir l'ambition d'évoluer dans des top clubs.

Avec la mine d'or que représente l'Île-de-France, en termes de profils de joueurs, le PSG devrait sortir, chaque année, au moins un joueur par ligne qui puisse évoluer au sein de son équipe professionnelle. Ça valoriserait son centre de formation, ça donnerait une identité à l'équipe, mais surtout ça éviterait de devoir recruter et de se tromper sur un grand nombre de transferts.

Quand on voit que sur les dix dernières années, le club de la capitale a dépensé 40 millions d'euros sur Thilo Kehrer, 28 sur Grzegorz Krychowiak, 25 sur Jesé, 23 sur Layvin Kurzawa, 10 sur Benjamin Stambouli, 15 sur Lucas Digne, sans compter les salaires donnés à Lassana Diarra ou Hatem Ben Arfa, arrivés libre tous les deux. Il y avait sûrement de la place à faire à quelques jeunes si on les avait mieux formés et préparés.

Les jeunes du PSG vivent une situation étrange et ambiguë. Ils jouent dans le club de leur région, le club numéro 1 en France aujourd'hui. Ils sont exposés médiatiquement et sont suivis par de nombreux clubs européens, parmi les plus importants, mais ils doivent souvent envisager d'aller ailleurs pour grandir.

L'exposition médiatique est très compliquée à gérer. Elle les amène à penser qu'ils sont déjà célèbres, qu'ils méritent déjà un statut, notamment vis-à-vis du club. Ils veulent jouer, et c'est normal, mais ils n'ont pas encore tous les éléments pour évoluer au plus haut niveau, à cause d'une formation encore incomplète.

Être suivi par les clubs européens (donc français aussi) est un problème compliqué à gérer pour le club et les joueurs. Ces derniers reçoivent des offres et sont donc amenés à réfléchir à un départ. Pour le club, c'est un difficile compromis entre ses objectifs sportifs, l'envie de faire jouer ces jeunes, de ne pas les perdre gratuitement en fin de formation, mais aussi de s'aligner sur les prétentions salariales dues à la concurrence.

Il ne faut pas se mentir : le côté « affectif » ne compte guère lorsqu'un joueur doit signer ou non dans son club formateur. Le jeune footballeur gère sa carrière et imagine ce qu'il y a de mieux pour son avenir. Le problème surgit quand l'argent devient le critère principal plus que le projet sportif, le temps de jeu et la progression.

Le PSG s'est souvent posé en victime face à l'exode de ses jeunes talents. Oui, le PSG, comme tous les clubs français, subit une règle qui veut qu'un jeune joueur signant son premier contrat professionnel le fasse pour une durée maximum de trois ans alors que s'il s'en va à l'étranger, il pourra signer jusqu'à cinq ans. Deux ans de plus de sécurité pour un jeune joueur, ce n'est pas rien. En revanche, le PSG, qui se plaint de se faire piquer des jeunes joueurs, a récupéré Xavi Simons et Kays Ruiz-Atil en provenance de Barcelone, mais aussi d'autres joueurs venant de clubs français comme Dijon. C'est malheureusement la loi du plus fort dans le business, et le PSG n'échappe pas à cette règle, dans un sens comme dans l'autre.

L'autre problème du jeune parisien réside dans l'entourage du club. Les supporters réclament des titis, des joueurs formés au club dans l'équipe professionnelle. Ils sont enclins à s'enthousiasmer quand un Presnel Kimpembe devient titulaire. Pourtant, ce sont aussi les premiers à être d'une extrême dureté devant les prestations de ces mêmes joueurs. On ne leur passe rien, ils n'ont aucune indulgence envers leurs prestations. On peut citer un tas d'exemple : Loïc Mbe Soh, Timothée Pembélé pour les plus récents, mais ça ne date pas d'hier. On peut ajouter Cédric Pardeilhan, Loris Arnaud et autre Gregory Paisley à cette liste. Personne ne dit que ces joueurs étaient des cracks, mais ils ont quand même subi plus de railleries, de critiques, que beaucoup de joueurs arrivés d'un autre club.

Autre problème du club de la capitale : c'est une passoire. Trop d'agents ou de pseudo-agents viennent y faire leur course tranquillement. Ils entrent au centre comme s'ils étaient chez eux et ont alors toute la latitude pour « rabattre » des jeunes en leur promettant un avenir radieux ailleurs, sous réserve qu'ils deviennent leurs agents. Et tout le monde laisse faire.

Alors oui, c'est une pratique devenue banale dans beaucoup de clubs et le PSG n'est pas une exception. Mais quand on est un club aussi fort, qui se dit structuré, et qui souhaite, en plus, sortir son « nouveau Messi », il y a des choses qui ne sont pas tolérables. Et même si c'est une pratique généralisée, le PSG doit se positionner au-dessus de tout ça et avoir une gestion plus professionnelle et plus stricte de son centre de formation.

Finalement, le club de la capitale est assis sur une mine de diamants dont personne ne sait polir et travailler les plus belles productions. Quand on voit des clubs espagnols former près de 40 % de leurs joueurs sur leur bassin de population, on imagine ce qui se passerait si le PSG travaillait sérieusement, avec une stabilité et une vraie identité de jeu sur la région parisienne. Et pourtant, des solutions existent…

Si le PSG travaille sérieusement, il doit recruter des top joueurs aux postes-clés puis se servir de son centre de formation pour compléter ou doubler les postes. Quand on voit la difficulté de recruter des latéraux par exemple, le centre de formation doit être la solution. Au lieu d'aller chercher un Pablo Sarabia, un Thilo Kehrer ou un Moise Kean en prêt, le centre de formation doit permettre de combler les manques.

Au Barça, par exemple, Riqui Puig, Ansu Fati ou Pedri ont permis de combler des manques importants dus à une mauvaise gestion du club. Il n'est pas étonnant de constater que la meilleure période du Barça a été réalisée avec des joueurs formés au club, mais aussi que le football espagnol, en général, a été le plus performant au moment de la première grosse crise économique, quand il a dû s'appuyer sur des jeunes formés dans le pays plutôt que d'aller recruter à l'étranger.

Pour être concret, voici la composition du groupe parisien idéal : une ou deux stars, une quinzaine de top joueurs à leur poste et cinq ou six jeunes formés au club. Et ne surtout pas oublier de créer une véritable identité de jeu parisienne et choisir les entraîneurs de l'équipe première en conséquence.

Enfin, le club devrait travailler sur des clubs partenaires ou satellites, en région parisienne et à l'étranger. Sur la région, ça permettrait d'avoir des joueurs qui entreraient au centre avec des principes de jeu communs. À l'étranger, deux ou trois clubs professionnels satellites permettraient d'envoyer les premiers contrats pros dans des équipes qui jouent de la même façon et de leur faire acquérir du temps de jeu au niveau professionnel, au lieu de devoir les prêter à des clubs de Ligue 1 ou Ligue 2 qui ne peuvent pas payer les salaires, avec des objectifs sportifs qui ne donneront pas forcément de temps de jeu à ces jeunes titis en prêt.

À l'ombre de l'ogre

En région parisienne, en dehors du PSG, on compte le Paris FC, le Red Star, l'US Créteil pour les clubs qui sont ou ont été professionnels, mais aussi l'ACBB, Montrouge, Torcy, le RC Joinville, l'entente Sannois Saint-Gratien ou encore Drancy et Brétigny, pour ne citer que les plus renommés. Tous les clubs franciliens évoluant en Régional 1 ou dans les championnats nationaux sont suivis par les scouts des clubs professionnels. Suivant les années, le nombre de joueurs présents dans les centres de formation français originaires d'Île-de-France oscille entre 35 et 55 %, sans compter la trentaine de jeunes expatriés en Allemagne, en Angleterre ou en Espagne.

Le tournoi du Val-de-Marne était une compétition qui regroupait chaque année (avant le Covid) quatre sélections U16. Des nations comme le Japon, l'Italie, l'Autriche, l'Angleterre ou encore le Portugal sont venus y participer. Dans la sélection française qui a participé au tournoi en 2018, neuf joueurs sur les dix-huit sélectionnés étaient issus d'Île-de-France.

Il faut savoir que plusieurs clubs de la région possèdent plus de 1 000 licenciés. En 2019, le club de Rueil-Malmaison comptait plus de 1 600 licenciés, l'ACBB et Cergy 1 450 et les Gobelins 1 400.

Les clubs professionnels profitent de la formation de tous ces clubs amateurs. Au niveau amateur, c'est la même chose. Les clubs les plus reconnus bénéficient de leur image pour recruter les meilleurs joueurs des clubs autour d'eux. Quand un de ces clubs contacte des joueurs, il suffit de citer les professionnels passés par là pour vendre du rêve et les faire signer.

Il faut dire qu'à Montrouge, on a vu passer Hatem Ben Arfa, Tiémoué Bakayoko, Marvin Martin ou Demba Ba. À l'ACBB, ont joué Ben Arfa, Jean-Kévin Augustin ou Allan Saint-Maximin. On pourrait citer des joueurs pros dans tous les clubs énumérés plus haut comme Torcy avec Paul Pogba. Ces listes permettent au club de communiquer et donc d'attirer les meilleurs joueurs du secteur. Le problème est de trouver le juste milieu entre la performance et le côté social du club.

Quand Montrouge se retrouve en finale du championnat U17, c'est très bien et ça montre le travail du club et des éducateurs. En revanche, si aucun joueur ne vient de la ville, désolé, mais ça pose problème. Le club perçoit des subventions de la mairie et il devrait donc être normal que les jeunes de la ville puissent profiter des installations et de la qualité des éducateurs.

Le revers de la médaille de cette profusion de joueurs, ce sont les matchs. Chaque club veut désormais exister, se mêler à la bataille pour être un des meilleurs clubs de la région. Les rencontres peuvent alors ressembler à une guerre où chacun joue presque sa vie. Il n'est pas rare de voir les matchs déraper. Chacun nous expliquera que ça fait partie du foot, que ça a toujours existé. Oui, ça a toujours existé mais pas dans ces proportions.

Évidemment, la catégorie la plus touchée d'après l'observatoire nationale de la délinquance et des réponses pénales (ONDPR) est celle des 17 ans, suivie par les 16 et 15 ans. L'adolescence est une explication, mais c'est surtout le moment où ces jeunes jouent une grande partie de leur avenir dans le football. Comme à chaque match il y a des recruteurs, la pression est énorme sur des gamins qui rêvent de devenir millionnaires grâce au football.

Dans ces clubs amateurs, on recrute beaucoup chaque saison. Il y a donc de nombreux joueurs qui vont signer mais qui ne joueront pratiquement jamais avec l'équipe A de leur catégorie. On en revient à cette histoire des six joueurs au club depuis moins d'un an autorisés par feuille de match. Les autres recrues iront jouer avec l'équipe B, voire pas du tout.

Dans ces clubs, beaucoup d'éducateurs ont le profil décrit précédemment dans ce livre : rabatteur, recruteur, agent. En plus de se valoriser au travers des résultats obtenus, l'autre objectif de la saison est de récupérer la « pépite », le joueur suivi et demandé par des clubs professionnels.

Dans certains clubs, un des éducateurs ou le directeur technique peut très bien être scout pour un club professionnel. Cette position est alors utilisée pour faire venir des nouveaux joueurs, c'est l'argument massue. Nombreux sont ceux qui contactent des joueurs en leur expliquant qu'ils sont recruteurs pour tel club et que si le joueur rejoint leur club (comme un passage obligé) il aura plus de chances de rejoindre le centre de formation pour lequel travaille l'éducateur. Évidemment, dans la majorité des cas, cette personne sait qu'il y a très peu de chances pour que ces jeunes rejoignent ensuite le club professionnel, mais ça permet de recruter facilement sans avoir à vendre un projet de jeu ou un projet humain.

Comme dans le football professionnel, où on parle des réussites mais très peu des échecs et de la descente aux enfers de nombreux joueurs, dans les clubs amateurs aussi il y a beaucoup de « perte ».

Le gamin qu'on recrute, à qui on a fait croire qu'il avait le potentiel pour devenir professionnel mais qui, étant donné le nombre de recrues, ne jouera pas. L'issue la plus positive est que le joueur retourne dans son ancien club et reprenne du plaisir à jouer au foot. L'issue négative, c'est qu'ayant honte d'avoir échoué, mais aussi tellement déçu, il arrête complètement le foot. Contrairement à ce qu'on pense, justement parce qu'on n'en parle pas assez, cette issue arrive beaucoup plus souvent qu'on ne le croit.

Dans ces clubs qu'on dit « formateurs », on est souvent dans la caricature. Des éducateurs qui hurlent, un football basique basé sur les qualités individuelles et athlétiques. Très rarement, en me promenant autour des terrains, je ne me suis pas forcé à rester jusqu'au bout de la rencontre en me disant « ça joue bien, c'est intéressant ». Trop souvent, je m'ennuie.

Seul le résultat compte. Alors, il faut gagner, peu importe le jeu ou la manière. Mais finalement, ils ont raison. Comme les responsables des centres de formation travaillent au copinage, si vous, en tant qu'illustre inconnu, vous voulez être valorisé, ce sera par la victoire. Si vous faites superbement bien jouer votre équipe, on ne vous regardera pas. Si vous finissez deuxième ou premier du championnat U17 nationaux, on parlera de vous.

Je me suis toujours demandé comment on pouvait entraîner contre ses convictions. Quand vous parlez avec ces éducateurs/ entraîneurs, tous vous parlent de Pep Guardiola, de Marcelo Bielsa mais ils font l'inverse. Quand vous leur parlez de jeu et de joueurs, ils vous citent Andrés Iniesta, Xavi, Kevin De Bruyne, mais ils recrutent de l'athlétique et du costaud. Soit ce sont des menteurs, soit ils sont prêts à tout, même renier leurs propres valeurs pour exister un peu. Dans les deux cas, c'est triste !

Je suis peut-être un rêveur, mais pour moi, la victoire, c'est l'aboutissement, la récompense et pas le truc à atteindre à tout prix, quitte à me renier. Gagner parce que j'ai un joueur qui va très vite et sur qui on jette le ballon, quelle tristesse. Pour moi, le football, c'est comme un voyage. Quand vous partez en vacances, l'excitation de l'attente est parfois plus importante que l'arrivée à destination. Ce n'est pas la réalisation des objectifs qui rend heureux, c'est le chemin qu'on parcourt pour y arriver. Finalement, le voyage est parfois plus important que la destination. Malheureusement, dans le football, on a tendance à penser l'inverse.

Dans ces clubs amateurs reconnus, les éducateurs viennent aussi chercher la reconnaissance. Être éducateur dans un club partenaire d'un club professionnel, ça vous fait croire que le rêve est accessible. Cet objectif a modifié beaucoup de choses.

Les envies des éducateurs ont également évolué. Avant, ils voulaient entraîner les U16 ou U17. Aujourd'hui, ils veulent les U9. À première vue, on peut se dire que c'est intéressant, qu'ils ont envie de former en partant des très jeunes. Ce serait trop beau. En réalité, ils savent qu'à cet âge, l'éducateur est un modèle, presque perçu comme une idole. Ça permet de créer des affinités avec le joueur et les parents beaucoup plus facilement qu'avec un U16 qui a déjà un caractère, parfois un agent, et dont les parents sont moins présents que chez les petits.

En revanche, il ne faut jamais oublier que le football professionnel existe grâce au football amateur. Sans les « petits » clubs, il n'y aurait pas de joueurs. Malheureusement, entre la mentalité des clubs et des parents, mais aussi le manque de respect et le traitement catastrophique de la FFF envers les amateurs, on est en train de le tuer.

De plus en plus de parents ne mettent plus leurs enfants au foot mais s'orientent vers le handball ou le tennis. En France, on a environ deux millions de licenciés. À titre de comparaison, aux Pays-Bas, avec 17 millions d'habitants, ils ont 1,2 millions de licenciés. Ramené à l'échelle française, on devrait en avoir 5 millions. En Allemagne, pour 83 millions d'habitants, ils ont près de 6 millions de licenciés.

Et la région parisienne, région de douze millions d'habitants, n'a qu'un grand club de football, une énigme comparée aux autre grandes métropoles européennes. À Rome et à Milan, il y a deux grands clubs, l'Inter et l'AC Milan, l'AS Roma et la Lazio. À Barcelone, il y en a deux, le FC Barcelone et l'Espanyol, quant à Madrid, il y en quatre avec le Real, l'Atlético, Getafe et le Rayo Vallecano. À Londres, il y en carrément onze : Arsenal, Tottenham, West Ham,

Crystal Palace, Chelsea, Fulham, Millwall, Queens Park Rangers, Watford, Brentford et Charlton.

Si la capitale française a déjà eu des clubs professionnels comme Créteil, le Red Star et qu'il y aujourd'hui le Paris FC, ces derniers n'arrivent pas à s'inscrire sur la durée pour plusieurs raisons. Les infrastructures posent problème, notamment des stades vétustes ou peu adaptés au football comme Charlety. Ensuite, la plupart des jeunes Franciliens s'en vont très tôt peupler les centres de formation français en dehors de la région. On peut ajouter que ces clubs sont sans cesse enclins à des luttes de pouvoir, de direction, chacun voulant récupérer le club. Dans une région aussi peuplée, d'où sont issus autant de joueurs professionnels, c'est une sorte de grand gâchis.

Enfin, comment ne pas parler des présidents de club. Être à un poste aussi important, quel que soit le niveau du club (régional, district) offre une visibilité au niveau local, une petite notoriété que ces personnes ne veulent pas lâcher. Et trop de personnes, dans ces clubs, pensent que c'est leur club, qu'il leur appartient. Même à ce niveau, on s'arrange lors des votes, pour récupérer les voix des parents qui ne votent pas habituellement. Quand vous proposez un projet, avec un volet éducatif comme de l'aide aux devoirs par exemple, vous êtes vus comme celui qui veut voler la place. Les enfants, on s'en fout, c'est l'égo qui prime.

Enfin, comme je l'ai souvent répété, beaucoup de présidents ne comprennent rien au football, aux jeunes, au rôle d'éducateur. Ce qui les intéresse, c'est l'équipe première. C'est la vitrine donc il faut faire monter l'équipe, donner des primes de matchs à des joueurs faibles, parfois même des fixes (petit salaire entre 300 et 800 €). En faisant monter une équipe de district au niveau régional, vous êtes le héros. Comme ils ne connaissent rien, ils font tous la même chose : Internet le dimanche soir pour scruter les résultats, peu importe le comportement, le jeu, la progression… Tout pour le classement.

En province, ça a longtemps été différent de la région parisienne. Il existait encore ce côté familial dans de nombreux clubs. Désormais, tout le monde s'est mis au niveau et les problèmes de comportements et de violence ne sont plus réservés à quelques régions mais bien à toute la France.

La FFF doit reprendre en main le contrôle du football amateur par des règles et des objectifs autres que le business. Mais on en est très loin. Et en a-t-elle réellement la volonté ?

Quand les scouts font leur shopping

On entend souvent que la France est le premier pays exportateur de footballeurs parce qu'il est le meilleur pays formateur au monde. Le raccourci est un peu simpliste et mérite un grand nombre d'explications pour nuancer.

Avant de se demander ce que viennent chercher les scouts en France, il faut expliquer pourquoi, dans les pays étrangers, on ne quitte pas si facilement son championnat.

La Ligue 1 est un championnat moyen (pour être gentil). On le voit régulièrement dans le style de jeu pratiqué, la qualité des matchs, mais aussi dans les résultats européens des clubs français. Sans le PSG, l'indice UEFA de la France serait catastrophique. On ajoutera à tout cela des stades qui ne font pas le plein, un public très peu connaisseur et passionné. En résumé, la France n'est pas un pays de foot comme peuvent l'être l'Espagne, l'Italie, l'Angleterre, l'Allemagne ou le Portugal.

Il faut ensuite se demander pourquoi les Anglais, les Espagnols ou les Allemands quittent très peu leur championnat ?

Tout d'abord, au niveau des salaires, ils n'ont pas de raison de partir. Ils gagnent très bien leur vie chez eux et, sauf exception, ils ne multiplieront pas par trois ou quatre leurs émoluments. Pour un Français, quitter la Ligue 1 pour la Premier League voir le Championship (D2 anglaise), c'est la certitude de gagner beaucoup plus qu'en France.

Le deuxième élément, c'est que ces championnats sont reconnus, forts et offrent une visibilité certaine. À l'étranger, la Ligue 1 n'existe quasiment pas. Il n'y a qu'en France qu'on se passionne autant pour les autres championnats, où on trouve autant de supporters de Manchester, de Liverpool, du Real ou du Barça alors qu'aucun lien ne lie ces clubs à ses supporters français.

Troisième argument, l'identité. En Angleterre, on évolue dans des clubs historiques et dans un championnat mondialement suivi. En Espagne, on joue au foot avec des idées qui correspondent parfaitement aux joueurs, dans des clubs qui ont une histoire. En Allemagne, on a des stades pleins et magnifiques, mais on joue aussi un football offensif, pour marquer des buts plus que pour ne pas en prendre. Pourquoi aller ailleurs ? Pour un Allemand d'un club moyen, l'objectif est d'évoluer au Bayern Munich ou à Dortmund. En Espagne, évoluer au Barça, au Real, à l'Atlético ou à Séville, ça suffit au bonheur des joueurs. En France, dès le début de carrière, on entend régulièrement que le club est un tremplin, que l'objectif est d'évoluer dans un des autres grands championnats. Si vous prenez dix Espagnols, Anglais ou Allemands, vous en trouverez peut-être deux intéressés pour s'expatrier et encore, c'est souvent pour rejoindre des très grands clubs, alors qu'en France, on sera plus proche de neuf joueurs sur dix. Quand un joueur quitte l'OM pour rejoindre Newcastle ou Swansea, ça devrait interpeller.

Alors, que viennent chercher les scouts en France ? Tout simplement, ce qu'ils n'ont pas chez eux. Pour cela, il faut analyser les caractéristiques de chaque pays et l'idée qu'ils ont du jeu.

En Espagne, on aime le football de passes, avec moins de joueurs grands et costauds mais plus techniques et avec une réflexion collective du jeu. C'est aussi dû à la population et aux profils que le pays possède. En Allemagne, on sera plus sur une idée de football offensif, pour marquer plus que l'adversaire avec des joueurs qui courent, qui se projettent très vite, qui n'ont pas peur du déséquilibre et d'encaisser des buts. Quant à l'Angleterre, pendant des années, on a eu des joueurs moyens techniquement mais qui donnaient tout sur un terrain. Les Anglais ont travaillé sur la formation et on voit désormais émerger des joueurs comme Phil Foden, Mason Mount ou Jack Grealish, animés d'un état d'esprit anglais (*fighting spirit*) mais aussi avec des qualités techniques au-dessus de la moyenne.

Lorsque les recruteurs viennent en France, ils recherchent des joueurs avec de grosses qualités individuelles, qu'elles soient techniques ou athlétiques. Ces profils, comme nous en avons déjà parlé, existent grâce à une immigration importante, ce que n'ont pas les autres pays.

Antonio Salamanca, scout passé par Valence, Villaréal, Liverpool ou Tottenham nous l'a confirmé. Oui, les recruteurs viennent chercher ce costaud au milieu ou en défense qu'ils n'ont pas dans leur pays, ce joueur technique, puissant et rapide en attaque. Ils se disent que le joueur progressera et comprendra le jeu une fois arrivé sur place. D'ailleurs, quand Claude Puel explique que « les joueurs français passent les paliers à l'étranger », il confirme les propos de l'ancien recruteur de Villaréal.

Encore une fois, il ne faut pas tomber dans le cliché du grand Noir costaud. C'est la France qui a créé ce profil et pas l'inverse. Il n'y a pas de fatalité à ce qu'un Noir soit juste costaud ou que le Maghrébin soit juste technique. Ce sont les stéréotypes du football français qui ont créé ce raccourci. Quand, dans un centre de formation, on explique au scout que telle génération manque de créativité, il ira chercher neuf fois sur dix un Maghrébin, et quand on lui dira que la saison prochaine on manquera de puissance physique, il ira chercher, neuf fois sur dix, un grand Noir. C'est triste, mais c'est la réalité.

Si les scouts viennent en France, c'est qu'ils savent que le potentiel est bon, mais aussi que les joueurs ont une grande marge de progression. Cette marge porte un nom : le travail.

En France, l'entraîneur arrive vers 9 heures et est déjà parti à 12 heures 30. Pour le joueur, c'est pareil.

Pour une séance prévue à 10 heures, le joueur arrive à 9 heures 30 puis il est parti à 12 heures 30. Je n'invente rien. Encore une fois, il suffit de lire les interviews des joueurs partis à l'étranger. Il faut aussi relire celles données par les joueurs du PSG quand Zlatan Ibrahimovic ou Thiago Silva sont arrivés en France. Les joueurs étaient impressionnés parce qu'Ibra arrivait à 8 heures 30, qu'il allait aux soins, puis en salle, qu'il s'entraînait, puis qu'il repassait au massage. Ensuite, il mangeait au club et avait même fait changer les menus pour qu'ils soient plus en rapport avec les exigences d'un sportif de haut niveau.

À l'étranger, il arrive que vous passiez la journée entière au centre d'entraînement. Antonio Salamanca expliquait que c'est aussi ce qui choquait les joueurs français en arrivant à l'étranger. Petit déjeuner pris ensemble, soins, musculation, entraînement, soins/massage, repas puis, l'après-midi, séance vidéo ou travail individuel. Eh oui, c'est un vrai métier et on ne fait pas que passer au centre d'entraînement…

Même les séances sont différentes. En France, on s'entraîne une heure dix maximum et même quand c'est un peu plus long, l'intensité n'est pas folle. À l'étranger, même pour les séances courtes, l'intensité est maximale. Là encore, je n'invente rien, les joueurs le disent à chaque interview réalisée après leur départ à l'étranger.

Jordan Veretout, passé de Nantes à l'Angleterre puis à l'Italie expliquait ceci dans un entretien donné au site RMC sport : « Quand tu vois les comportements des autres joueurs, tu essayes de te mettre au niveau, tu grandis comme ça. En Premier League, on ne travaillait pas forcément plus mais le rythme était beaucoup plus élevé. Ça va très très vite. À force de t'entraîner avec des joueurs qui ont cette habitude, ton corps s'habitue lui aussi.

En Italie, je trouve qu'on travaille plus, on passe plus de temps en salle pour tout ce qui est musculation, gainage, proprioception, prévention, etc. Et la récupération après les matchs aussi est essentielle en Italie. Le quotidien est intense. » Des déclarations de ce type, vous en trouvez à chaque fois qu'un joueur français quitte la Ligue 1 pour l'étranger. Comme s'ils découvraient ce qu'est véritablement le métier de footballeur.

La venue des scouts étrangers sur le territoire français, et notamment francilien, a engendré une vraie problématique. Auparavant, les clubs français n'étaient en concurrence qu'entre eux pour faire signer les jeunes joueurs. Désormais, ils sont aussi confrontés aux clubs étrangers. Comme un jeune ne peut pas signer officiellement hors de France avant ses 16 ans, les clubs de l'hexagone se sont donc orientés vers les catégories plus jeunes pour avoir de l'avance. Sauf que, là-aussi, la concurrence est féroce.

Les clubs sont prêts à payer des sommes importantes pour s'attacher les services d'un joueur de onze, douze ou treize ans. Et on parle de montants compris entre 50 000 et 200 000 €. Tout ça se sait et c'est aussi une des raisons qui poussent les parents à des comportements complètement surréalistes.

Il existe plusieurs façons de verser cet argent. Par exemple, la grande mode à un moment donné était de facturer des honoraires de scout aux parents de jeunes joueurs. Un contrat de travail déguisé pour bien contourner les lois en vigueur. Comment prouver que la personne que vous payez va réellement voir des matchs pour recruter ? Impossible.

Mais les clubs étrangers ne sont pas en reste. Plusieurs ont été condamnés à une interdiction de recrutement parce qu'ils avaient fait signer des joueurs de moins de 16 ans tels que le Barça, Chelsea ou l'Atlético de Madrid. Ils pensaient qu'en s'arrangeant avec un contrat de travail pour les parents, ça passerait.

Dans un reportage diffusé sur France 2, on voyait un jeune gardien de Poitiers, alors âgé de 13 ans, recruté par Chelsea contre une grosse somme d'argent, près de 1 million d'euros. L'entraîneur des gardiens de Chelsea venait régulièrement pour lui organiser des séances spécifiques.

Encore une fois, tant mieux pour les parents s'ils arrivent à toucher sur une signature l'équivalent de dix ans de SMIC, voire plus. Mais comment expliquer à un joueur pour lequel vous avez payé 150 000 €, qu'il doit encore travailler, qu'il est loin d'être arrivé ? Comment amener l'enfant à de l'humilité, à être respectueux envers ses partenaires, son coach et ses enseignants, quand il a déjà un tel statut ? Combien d'enseignants ont entendu de tels propos consternants : « Mais je m'en fous de ton cours, je gagne déjà, en un mois, plus que toi sur toute l'année. »

Comment investir autant sur un enfant de douze ou treize ans sans aucune certitude sur son évolution mentale, physique, footballistique ? Aura-t-il toujours envie de jouer au foot à seize ou dix-sept ans ? Une blessure va-t-elle le stopper dans sa progression ? On est dans l'abus, la surenchère stupide, la spéculation la plus totale.

Malgré cela, si les clubs étrangers viennent en France, c'est qu'ils savent que les joueurs possèdent une réelle marge de progression mais qu'il faut les prendre assez tôt pour qu'ils ne soient pas déjà stéréotypés. Cette marge de progression, c'est surtout l'intelligence de jeu, le travail, le mental, et, enfin, l'idée que le joueur se fait de son club. Oui, à l'étranger, le jeune joueur est encore en-dessous du club. S'il ne se comporte pas bien, s'il ne respecte pas les règles, il sera exclu, peu importe son niveau. Il rebondira peut-être mais ailleurs.

En échangeant avec des éducateurs de jeunes et des joueurs en Angleterre, on se rend compte que la mentalité est totalement différente. Le jeune vit comme une chance d'être là, il est reconnaissant envers le club. Dans l'état d'esprit, il n'y a pas besoin de le pousser au travail, il faut parfois même le freiner tant ils donnent tout et tout le temps. Ce n'est pas anodin si, outre-Manche, même une équipe faible techniquement est capable de tenir tête à une grosse cylindrée grâce à une volonté de tout donner.

Enfin, même si le marché a beaucoup évolué, les clubs étrangers savent qu'en France, il y a un rapport qualité-prix presque inégalable. Entre clubs anglais ou allemands, on ne se fait pas de cadeau. Pour un joueur de valeur égal, le club paiera moins cher si le joueur vient de France que s'il vient d'un club du même pays.

Ensuite, en termes de salaire, les clubs étrangers ont des fiscalités bien moins lourdes que les clubs français. Il est donc plus facile d'accorder un salaire plus important à un joueur venant de France.

Enfin, l'étranger offre une visibilité que n'a pas la Ligue 1. Il vaut mieux aller joueur à West Ham ou Everton pour se faire remarquer par un gros club de Premier League que de rester joueur à Nice, Bordeaux ou Rennes.

Comme on l'a vu précédemment, la majorité des clubs professionnels français n'a pas de cellule recrutement, et quand ils en ont une, ils ne s'en servent guère. Ils préfèrent travailler avec des agents-amis pour recruter.

Une cellule scout bien composée, c'est-à-dire autrement que par du copinage pour donner un poste et un salaire et à un ami, permet de limiter les erreurs de recrutement.

Elle doit répondre aux attentes du club, à son identité, ses valeurs, ses caractéristiques, ce qui permet de repérer des profils qui lui correspondent. Rien que sur l'environnement, jouer à Bastia, Rennes, Bordeaux, Marseille ou Paris, ça n'a rien à voir. Quand certains joueurs s'épanouiront à Marseille, ils échoueront à Rennes ou l'inverse.

Mais ce n'est pas tout. Avoir une cellule recrutement, c'est aussi aller chercher des joueurs dans des championnats mineurs. Quand on travaille bien, on peut recruter un Zeki Celik en 2e division turque. Lors de cet Euro, le Danois Mikkel Damsgaard fut une révélation. Il évoluait à Nordsjaelland et a été acheté par la Sampdoria environ 6 millions d'euros en 2020. Quand l'Atalanta Bergame recruta Remo Freuler, il jouait à Lucerne, dans le championnat suisse et le club italien versa environ 2 millions d'euros d'indemnité de transfert. On connaît la suite…

En Afrique mais aussi en Scandinavie ou en Europe de l'Est, il y a des joueurs partout. Encore faut-il se donner les moyens d'aller voir des matchs dans ces championnat mineurs. La France a du retard dans ses méthodes de travail et tant qu'on fera confiance aux seuls agents pour faire le recrutement, on continuera de multiplier les erreurs.

Le changement, c'est maintenant

Tout au long de ce livre, nous avons évoqué les problématiques de notre football. Par bonheur, il existe encore quelques éducateurs, quelques clubs qui essaient de bien travailler, avec une mentalité différente tels Lorient et Lyon. L'idée n'est pas de dire que le football français est nul, catastrophique, mais bien qu'il dispose de moyens structurels et humains pour faire beaucoup mieux. Il faut prendre conscience que le modèle actuel est à bout de souffle, qu'il doit être réformé, des clubs pros aux amateurs.

Et les pistes de réflexion et d'évolution sont nombreuses...

On ne pourra jamais interdire aux parents, aux agents, aux éducateurs, de rêver de gagner beaucoup d'argent grâce au foot. Le rêve est une nécessité de notre existence. En revanche, on peut expliquer les choses différemment, faire comprendre aux parents que les chances que leur progéniture devienne professionnelle sont infinitésimales. Sur le nombre de joueurs licenciés, soit environ 2,1 millions, il y a un peu plus de 1 000 joueurs professionnels. Si on considère qu'environ 700 sont issus du pays, ça donne 0,03 % de joueurs pros sur la totalité des licenciés.

Si on fait ce rapport sur les centres de formation, chaque club possède une soixantaine de joueurs (U16, U17, U18) soit environ 2 400 joueurs environ. Dans un club pro français, on établit la moyenne de joueurs qui deviennent professionnels à 1,5 par année de naissance (ça peut être zéro une année, trois la suivante), et sur tous les joueurs qui rentrent en centre de formation, seulement 7 % deviendront professionnels.

On n'ôtera jamais de l'idée à certains que leur fils fera partie de ces 7 %, mais il faut rester luicide et faire œuvre de pédagogie dans les clubs. Les agents doivent également arrêter de vendre du rêve et de détruire certains gamins, qui se retrouveront abattus par l'échec, sans véritable formation professionnelle, en marge de la société.

Les institutions, la FFF en tête, ont les moyens d'agir pour modifier les comportements. Par les règlements tout d'abord.

Tout est aujourd'hui enregistré dans le logiciel footclubs. On connaît les mouvements de chaque enfant : dans quel club il prend sa première licence, le nombre de changements de clubs, etc. On peut donc très bien imaginer une limite de mutation par enfant avant U13, par exemple.

Par rapport aux clubs, la FFF pourrait aussi limiter le nombre de nouvelles licences par catégorie en fonction du nombre de mutés autorisé sur le terrain. À partir du moment où seuls six nouveaux joueurs (sur quatorze inscrits sur la feuille de match) peuvent évoluer chaque week-end avec une équipe, elle pourrait limiter à sept le nombre de nouveaux joueurs. Cela permettrait aux plus petits clubs de ne plus être autant pillés et de pouvoir, eux aussi, progresser grâce à leur travail en conservant une majorité de joueurs. Ça obligerait également les clubs plus huppés à cibler le recrutement plutôt que de faire venir 25 gamins dont les trois quarts n'auront pas le droit de jouer le week-end.

La fédération, à travers ses ligues et districts, doit également être beaucoup plus dure avec les dérives de comportement autour des matchs. On ne peut pas être indifférent et faire semblant de ne pas voir ce qui se passe autour des terrains, et ce dès les plus petites catégories. Oui, c'est compliqué, mais on ne peut pas tout laisser passer sous prétexte de fatalité.

Au niveau des championnats, on peut également réfléchir à des évolutions. Arrêter les championnats avec montées et descentes avant U15 pourrait être une solution. On établit un calendrier de matchs entre septembre et octobre. En fonction des résultats, on regroupe, par secteur, les équipes. Elles s'affrontent mais sans la pression du score, puisqu'en début de saison suivante, quels que soient les résultats obtenus, on repart à zéro.

Avec cette configuration, les clubs et éducateurs n'auraient donc plus la crainte de la défaite et de la rétrogradation. Cela apaiserait sûrement les tensions, l'impact d'une défaite, d'un penalty non sifflé. De plus, ça permettrait à l'éducateur de travailler sur des principes de jeu, sur la progression des joueurs, de tester des choses, sans être pris par l'enjeu.

Encore une fois, personne ne joue pour perdre, on continuerait à jouer pour mettre plus de buts que l'adversaire. Mais avec une formule de ce type, une défaite serait moins vécue comme une catastrophe absolue, on pourrait imaginer que nervosité et agressivité retomberaient un peu autour des rencontres.

La FFF doit aussi envisager des élections avec un mode de scrutin différent. Faire voter tous les présidents de club est une solution. On ne peut pas avoir un président de fédération élu par quelques représentants dans une opacité suspecte.

Les clubs ont aussi leur rôle à jouer dans les évolutions possibles. Ne plus laisser des comportements déviants sous prétexte qu'un joueur est bon. Ne plus laisser les parents se comporter sauvagement pendant les rencontres. Ils doivent, eux aussi, prendre des dispositions par rapport à cela, quitte à exclure parents et enfants du club, en dernier recours évidemment.

Les clubs amateurs doivent retrouver un rôle social. Gagner, grandir, c'est bien, mais la première mission des clubs amateurs est de divertir les enfants, de leur apporter des éléments d'éducation dans la vie en collectivité, le respect des règles, des dirigeants et des éducateurs, des partenaires, des adversaires et des arbitres.

Sans faire le vieux con, j'ai grandi à une période où on jouait le maratra, c'est-à-dire que les équipes pupilles, minimes, cadets (un peu l'équivalent des U11, U13, U15 aujourd'hui) de deux clubs s'affrontaient le dimanche après-midi. Les trois équipes se déplaçaient donc ensemble. Tout le monde se connaissait, ce qui donnait un attachement et une identité au club.

Aujourd'hui, dans de nombreux clubs, si vous demandez à un U11 de vous citer cinq noms de U13 ou U15, il en sera bien incapable. Le club doit redevenir une maison familiale plus qu'un lieu de passage éclair. La douche est un très bon révélateur de tout cela. Avant, on allait au foot avec son sac, on s'habillait sur place, avec ses copains, on s'entraînait puis on se douchait au club. Aujourd'hui, les joueurs, de toutes les catégories pratiquement, arrivent en tenue avec les crampons à la main et repartent en tenue dès la séance terminée.

Autre réforme à envisager : les diplômes. La DTN et le ministère des sports doivent réfléchir à une évolution dans ces domaines. Lors de mon échange avec Thibaud Leplat, nous avons évoqué plusieurs pistes.

Le rôle du sélectionneur doit ainsi évoluer. En Belgique et au Danemark, ce dernier est partie prenante du projet global mis en place. Il initie les réformes, il pilote certains projets, et possède un regard sur toutes les catégories de sélections.

On peut également imaginer que les diplômes continuent d'être passés au sein de la DTN, mais qu'une formation universitaire soit également mise en place en parallèle. C'est ce qui se fait au Portugal permettant d'ouvrir le champ des candidatures à des personnes qui n'ont pas été joueurs mais qui possèdent une vraie analyse, une vraie connaissance du football. On s'ouvrirait alors à des profils comme Julian Nagelsmann, Edin Terzic, José Mourinho et ça ne pourrait être qu'un plus pour notre football. Toutes les compétences sont bonnes à prendre…

Thibaud Leplat suggérait également la mise en place d'une cellule de « recherche » dont la mission serait de renouveler régulièrement les méthodes, les principes, en étudiant les évolutions du football mais aussi en allant échanger à l'étranger. Oui, il y a à apprendre chez tout le monde, sans sombrer dans l'espionnage.

Cette cellule pourrait être comparable aux cellules de veille technologique dont se sont dotées de nombreuses entreprises. Elle serait composée de personnes très diverses et pas seulement issues du milieu du football. En s'ouvrant, le football français ne pourrait que grandir et progresser, tout en étant précurseur plutôt que de suivre des tendances.

Enfin, sur les contenues des formations, il faut laisser de la liberté aux élèves-éducateurs. Ils doivent être libres de proposer une séance, des principes puis d'expliquer pourquoi ils font telles ou telles choses. La DTN doit cesser de penser qu'elle détient la vérité sur le football, qu'il n'y a qu'une façon d'y jouer, que le déséquilibre est un crime.

Elle doit également cesser d'être si subjective dans la sélection des profils. Dans quel autre domaine, quand vous avez un diplôme, vous pouvez ne jamais être autorisé à passer le suivant ?

Enfin, le renouvellement doit être plus important au niveau des cadres de la DTN. Quatre à cinq ans, cela semble être une bonne période pour chaque renouvellement. Les formations sont parfois dispensées par des gens qui n'ont plus mis les pieds sur un terrain au quotidien ou dans un vestiaire depuis trop longtemps.

Les générations changent, les mentalités aussi. Les cadres de la DTN sont parfois en charge des sélections nationales mais qui peut comparer deux rassemblements par an avec des jeunes qui jouent leur avenir et ont conscience qu'il faut alors bien se comporter une dizaine de jours, avec une présence sur le terrain au quotidien avec des joueurs qui ne sont pas les meilleurs de leur génération ?

Les cadres doivent avoir des mandats pour un délai bien défini puis retourner sur le terrain se confronter au jeu. Quand Raymond Domenech ou Pierre Mankowski étaient à la DTN, vous pensez vraiment qu'ils étaient en adéquation avec les problématiques du football de l'époque ? Ils avaient dix ans de retard dans les méthodes, les discours, le rapport à la nouvelle génération, sans parler des principes de jeu. En mettant en place une cellule de recherche, on éviterait le fameux « je reproduis ce que j'ai vécu ».

Si on veut que notre formation évolue, il va falloir que les éducateurs évoluent, que la DTN évolue. Arrêter de ne vivre qu'au travers du résultat, de crier sur des gamins qui ratent une passe, un tir. Oui, il n'y a que le comportement des éducateurs qui permettra un changement, initié par une DTN qui prendrait enfin conscience de ses manques et de son arrogance.

L'humilité, la remise en question, ce n'est pas que pour les autres.

La victoire en coupe du monde 2018, après une finale d'Euro 2016 (perdue face au Portugal) a masqué énormément de lacunes. On ne peut pas débattre, étant sans cesse ramené au résultat, au fameux « on est champion du monde ». L'échec à l'Euro 2021 est le bon moment pour ouvrir les yeux, évoluer dans la réflexion du jeu, de la formation, des objectifs. Arrêter de penser que tant que tu gagnes, tu as raison. Arrêter de penser que tant que tu gagnes, il n'y a rien à changer.

L'objectif ne doit plus être le résultat mais la progression des joueurs et du collectif. Encourager, valoriser, c'est essentiel. Pour cela, l'éducateur doit prendre du recul et analyser ce qui se passe. Pourquoi ce joueur a une belle qualité de dribble mais ne passe pas souvent en match ? Pourquoi ce joueur ne s'oriente jamais comme il faut ? Si ce joueur avait une meilleure première touche de balle, il serait encore plus performant. Que dois-je faire pour le faire progresser dans ce domaine ? Mon système de jeu fonctionne, mais en le modifiant, je vais sortir mes joueurs de leur zone de confort. Voyons alors comment ils s'adaptent, comment ils réagissent.

Des questions de ce type, il y en a des centaines par match. C'est ça le travail de l'entraîneur, de l'éducateur. Ouvrir des pistes, chercher des réponses.

Voir au-delà du court terme. Quand on copie un modèle, on est déjà en retard. Quand le Barça est devenu à la mode, ceux qui ont voulu le copier l'ont fait alors que le club espagnol travaillait déjà sur ses principes depuis près de dix ans. Comme on estime qu'il faut entre sept et dix ans pour récolter complètement les fruits d'une politique de formation, les clubs qui copient auront donc dix ans de retard quand ils arriveront au bout de leur propre processus.

Dans les évolutions du jeu, par exemple, on va s'avancer vers des joueurs interchangeables, d'une rencontre à l'autre mais aussi dans un même match. Le joueur qui ne sait faire qu'une seule chose va donc vite être en difficulté. Par exemple, le fameux six devant la défense qui ne fait que défendre et relancer, il y a de grandes chances qu'on en voit de moins en moins.

Il faudra donc former un joueur capable de tenir ce rôle tout en pouvant prendre le jeu à son compte pour soulager ses partenaires, pour prêter main forte à un joueur bloqué par l'adversaire. C'est le travail des entraîneurs, des cellules de recherche qui devraient être mises en place dans les clubs ou à la DTN.

Malheureusement, dans la formation, on mise tout sur les joueurs « bankable » aujourd'hui, ceux que viennent chercher les clubs étrangers. Il y a très peu de chances qu'on sorte des stéréotypes dans les prochaines années. Malheureusement, seule une catastrophe économique obligerait les gens à penser différemment et à évoluer.

Le PSG aussi doit changer sa façon de travailler pour, enfin, sortir des joueurs qui évolueront dans son équipe première. Pour ce faire, la valse des responsables et des éducateurs changés tous les ans ou presque doit cesser. Ce n'est qu'avec un projet de jeu clair et un travail sur la durée que le club pourra récolter des bénéfices, et pourquoi pas sortir le « nouveau Messi ».

Il doit ensuite travailler sur des clubs satellites qui permettront aux joueurs de progresser à un très bon niveau. Le championnat U19, la Youth league, c'est bien, mais ce n'est pas suffisamment révélateur. En évoluant dans un club de première division espagnole, belge, portugaise, voire même un club de Championship en Angleterre, le joueur serait confronté au haut niveau. On verrait clairement ses marges de progression.

Le club de la capitale doit également se doter d'une cellule de recherche, qui travaillerait sur l'évolution du football. Cela lui permettrait sans doute de rayonner un peu plus sur l'un des bassins footballistiques les plus riches du monde, l'Île-de-France.

Les meilleurs jeunes doivent signer au PSG. Mais pour cela, il va falloir aussi que le projet et les perspectives d'atteindre le haut niveau au sein du club soient réelles.

Enfin, le club devrait travailler sur son image et son histoire. Mieux un jeune du centre de formation connaîtra l'histoire du club, plus il s'y attachera. Jouer au PSG, ça doit représenter quelque chose sportivement, mais aussi « sentimentalement ». On doit être attaché au club, à son passé, à des valeurs qu'ils véhiculent. Si le club continue de penser que ce n'est que l'argent et les stars qui créeront ce sentiment d'appartenance, il fait fausse route.

Et dans le sillage de cette locomotive, les clubs français doivent entreprendre une profonde mutation. Non, on ne peut pas former des joueurs juste pour les vendre et boucler les budgets. Les joueurs que nous formons doivent servir nos propres clubs en priorité. On ne peut pas former juste pour vendre et obtenir des résultats catastrophiques sur la scène européenne.

Cessons de donner de gros salaires à des joueurs moyens et d'établir des budgets où d'éventuels transferts viendront permettre de ne pas être en déficit.

Tout cela doit passer par une Ligue 1 plus forte, plus attractive et plus visible aussi. Par exemple, pourquoi la Ligue n'imagine pas la diffusion d'un match par semaine sur une chaîne gratuite ? Peut-être que ce serait à perte mais cette vitrine inciterait peut-être des fans de foot à prendre un abonnement pour pouvoir suivre le reste du championnat.

Les idées ne manquant pas pour vendre la Ligue 1 : des reportages réguliers, des *insides* sur les séances ou les causeries, des parcours de joueurs, suivre une ou plusieurs équipes tout au long de la saison, tout cela fait partie des éléments qui pourraient améliorer la visibilité de notre championnat. Des reportages ont été faits sur la Juve, Tottenham, la formule 1 sur les plateformes comme Netflix ou Amazon. La Ligue 1 doit s'inspirer et faire feu de tout bois pour amener les gens à elle. Le simple match ne suffit plus, la communication et la fidélisation doivent être repensées de fond en comble.

Évidemment, ce développement doit se penser autour du jeu et de l'environnement des matchs. La pelouse, la réalisation, ce sont les bases. Ensuite, il doit y avoir le jeu. L'Allemagne est certainement plus un pays de foot que la France. S'il y a autant de monde dans les stades, que ce soit en Bundesliga 1 ou 2 (la moyenne de spectateurs en Bundesliga 2 est sensiblement équivalente à la moyenne en Ligue 1, entre 22 000 et 25 000 spectateurs), c'est aussi parce qu'on ne s'ennuie jamais au stade et qu'on est attaché à son club. Les équipes jouent pour marquer plus que l'adversaire et, pour les supporters, s'il y a défaite mais que les joueurs ont tout donné, on « pardonne ».

Le football est un spectacle. Si vous allez voir un ou deux matchs, que votre équipe est en place, ne propose rien, et attend le contre ou le miracle pour marquer, vous n'allez sûrement pas revenir régulièrement. Il est amusant de constater que le PSG connut son taux de remplissage le plus faible lors de la dernière saison de Laurent Blanc en 2015-2016. Certainement parce que le club de la capitale jouait en marchant, sans forcer, parce qu'il n'avait aucune adversité digne de ce nom.

Dans les clubs, il faut également cesser de marteler que jouer tous les trois jours est impossible. Quand on se qualifie pour la coupe d'Europe, on doit la jouer à fond. La France n'a remporté que deux malheureuses coupes d'Europe dans toute son histoire. Comment peut-on snober une compétition aussi prestigieuse et valorisante ?

Enfin, même si le football est un business, le football français doit se prémunir face au rachat de ses clubs par des fonds d'investissement qui ne connaissent rien au foot et qui viennent souvent pour d'autres projets que le sportif. Quand on voit ce qui se passe à Bordeaux, ce qui s'est passé à l'OM, en tout cas jusqu'à cette saison, mais aussi à Lille dans la gestion économique, on a de quoi être inquiet.

Oui, nos clubs sont les plus taxés des grands championnats. Mais tant qu'il n'y a pas de réforme, il faut faire avec. Le football espagnol n'a jamais été aussi fort qu'au moment de la crise économique qu'a traversée le pays. Ce n'est donc pas qu'une question de moyens mais aussi d'état d'esprit, de mentalité, de travail et de réflexion. Avec des budgets allant de 35 à 250 millions d'euros (hors PSG), on ne nous fera pas croire que ce n'est qu'une question d'argent. Se remettre en question coûte essentiellement de l'énergie.

NOTES

Mon parcours :

Joueur : Cachan, US Palaiseau, SM Montrouge, AS Arméniennes Issy-les-Moulineaux, ASPTT Caen, US Chantilly, AS Choisy-le-Roi, CA Paris, Evian Thonon Gaillard FC.

Éducateur : Cachan (U11), AS Choisy-le-Roi (Seniors DHR), Évian Thonon Gaillard FC (de U6 à U15), Lusitanos Saint-Maur (U11-U13), C'Chartres Foot (Responsable préformation et en charge des U15 R1), Directeur technique CO Cachan.

Pablo Longoria : président du directoire de l'Olympique de Marseille, il a démarré dans les médias puis a travaillé comme recruteur pour

Newcastle, Huelva, l'Atalanta Bergame, Sassuolo, la Juventus et Valence.

Thibaud Leplat : Auteur, enseignant et consultant, il a notamment écrit *Football à la française*, *La magie du football*, des ouvrages sur Pep Guardiola et José Mourinho. Il écrit également pour *So Foot* et *Afterfoot*.

Antonio Salamanca : ex-scout pour Tottenham, Liverpool, Villarreal ou encore Valencia CF, il intervient régulièrement sur RMC lors des soirées Europa League.

Quentin Westberg : gardien de but, actuellement au FC Toronto, il est passé par l'INF Clairefontaine, le PSG, Troyes, Evian Thonon Gaillard FC, Luzenac, Sarpsborg 08 (Norvège), Tours et Auxerre.

Nicolas Maurice-Belay : aujourd'hui retraité des terrains, il a évolué à l'INF Clairefontaine, US Créteil, Monaco, Sedan, Sochaux et Bordeaux.

Boukary Dramé : aujourd'hui retraité, international sénégalais, il a commencé au CSL Aulnay, PSG,

Sochaux, Réal Sociedad, Chievo Verone, Atalanta, la SPAL, Peganese.

Tripy Makonda : aujourd'hui joueur du Hamm Benfica au Luxembourg, il a débuté à Nicolaite Chaillot Paris, puis a évolué à l'ACBB, PSG, Brest, Académica Coimbra, FC Blue Boys Muhlenbach.

Jean-Michel Badiane : il a joué pour le PSG, Sedan, Paris FC. Il intervenait sur RMC qu'il a quitté depuis et dirige aujourd'hui une société de conseil financier, immobilier et de sport management.

Remerciements

À Talent Éditions pour sa confiance.

À Mouss et toute l'équipe de Paris United.

À mes parents pour l'éducation qu'ils m'ont donnée.

À ma femme, mes enfants, mon frère et ma sœur.

À Quentin Westberg, Nicolas Maurice-Belay, Boukary Dramé, Tripy Makonda, Jean-Michel Badiane, Thibaud Leplat et Antonio Salamanca pour leurs collaborations et leurs bienveillances lors des échanges que nous avons eus.

À Cyril, mon ami avec qui les discussions sont toujours constructives.

À mes éducateurs avec une mention particulière à Jean-Marie Panza, mon entraîneur à Palaiseau.

Au Club des 5 où j'ai découvert de vrais passionnés.

Enfin, je souhaite bon courage à tous les jeunes footballeurs, aux éducateurs qui ont encore l'envie d'être là pour les enfants plus que pour eux : prenez du plaisir, essayez de réaliser vos rêves, mais prenez conscience que la vie ne s'arrête pas au football.

Imprimé en France par CPI
en septembre 2021

Dépôt légal : septembre 2021
N° d'impression : 164373

Talent Éditions est engagé dans le développement durable afin de limiter l'empreinte carbone de la fabrication de ses livres. Soucieux de l'impact environnemental de notre métier, nos ouvrages sont imprimés en France sur du papier certifié issu de plantations gérées de manière éco-responsable. Les livres non-commercialisables sont recyclés et réutilisés pour la fabrication d'autres produits cartonnés.
